U0000946

弄丟自己的你
過得有點辛苦吧

周梵——著

自序

——我願陪著你，走向光所在的地方

我在寫這本書的時候，恰好經歷楊絳先生的去世。她是近代一位真正的新女性，突破了很多文化的桎梏，成長為一個真正懂愛，有力量，獨立的女人。她曾在一百歲生日時感嘆：「世界終歸是自己的，與他人無關。」當人可以完全身心一致地意識到世界是自己的，與他人無關時，才能真正感受到在各個層面的自由，物質的自由、情感的自由、關係中的自由、思想的自由，才真正有一種世界完全向自己敞開，並且可以隨自己心意創造的感覺，就如孔子說的「從心所欲不逾矩」。

任何人來到這個境界時都會體驗到徹底的自由和發自心底的喜悅。所以楊絳先生的離世，我沒有絲毫悲傷，因為體驗到這種境界的人面對死亡是沒有遺憾的，那只是另一種形式的重新出發而已。

我記得曾經看過美劇裡的葬禮現場，葬禮就像一個家族歡聚的派對一樣，逝者的兒女家人們在靈柩前說著逝者生前的笑話，完全不像我們傳統葬禮中要披麻戴孝，生離死別、悲痛欲絕。我當時非常震撼，驚訝於葬禮竟然可以是這樣的，怎麼可能是這樣的，這和我了解到的死亡完全不同。

但後來我意識到我們是可以不怕死的，如果這個離開的人一生活得盡興自在，愛自己愛他人，沒有虛度自己的每一天，無論何時他都會有一種「即使這一刻死了，我也覺得此生無憾」的感覺，那麼他的離開絕不會是一件很悲傷的事情。大家可能會捨不得甚至懷念他，但並不會悲痛，遺憾這個人的離開。倘若每個老人都是這樣離開，那麼他們的兒女親人也不會悲悲切切，也許就像開一個特別的歡送會，感激他留給家人子女的寶貴的精神力量，每個人都帶著祝福和感動。我確定我以後的葬禮就會是個樣子。

所有人類焦慮和恐懼的核心其實只有兩個，第一個是害怕沒有人愛；第二個是害怕不再存在，也就是死亡。這本書我們會著重探討第一個問題，而當我們徹底突破對於不被愛的恐懼，那麼其實也就不會再那麼懼怕死亡了。

可惜智慧這回事和年齡絕不是成正比的。一個人若無任何自省和學習，渾渾噩噩虛度幾十載，即使年華老去，卻依然執著於一些十幾年前、甚至幾十年前發生的事情耿耿不能釋懷，或者脾氣秉性也和年輕時沒有太大的改變——從憤青變成憤中再變成憤老，歲月留下的也只是蒼老的面容和逐漸衰敗的身體，心性智慧卻並沒有隨著年齡等量增長，這真是非常可惜的事情。

而好消息是，生在這個時代，我們比楊絳先生，比我們的父母，比很多人都擁有前所未有的機會，我們選擇生活方式的自由程度也比過去大不知道多少倍。我們可以獲得的教育資源、可以接觸的資訊超乎想像的多，而我們需要做的只是讓自己的心更沉靜一些，選擇那些真正說明了如何提升自己的資訊。從現在開始每天給自己幾十分鐘時間讀一本好書，和一個高尚智慧的靈魂對話，好好滋養自己的心靈也是很重要的愛自己的方式。

也許我們並不用等到一百歲才能活得明白，也許我們可以在很年輕的時候就擁有成熟的靈魂。我想最美好的事情就是一個強健年輕的身體裡住著一個成熟睿智的靈魂，同時又擁有對萬事萬物充滿好奇孩童般熱情而純粹的心靈。

根據量子物理學的原理，意識不滅，真正的死亡從來都不存在。然而在另一個層面上，在你的意識載體之上，擁有這樣一個特別身體的你，出生在這樣一個家庭中的你，有著那些經歷的你依然是獨一無二的，即使這個意識以另外一種模樣延續它自己，但那種形式的你和這個你又是不同的。所以當意識以正在看著這本書，這樣面容這樣一個獨特形式的你而存在的時候，這真的是一種很特別的經驗，這是宇宙送給你獨一無二的禮物，好好珍惜它，使用它，體驗它！

這本書最重要的價值是可以幫助你更加好好地活出你自己，而且當你在不同的階段時，能從這本書中得到完全不同的領悟。所以不要認為你看過了它就對你沒有幫助了，即使看過它，當在下一次又碰到挑戰時，你依然可以拿起這本書翻開它的目錄看看哪個標題會吸引你的注意，然後就翻過去看那一章，你會發現你又將從中汲取到新的力量！

在這本書裡，我袒露了很多我自己成長過程中的體驗，我曾無力迷茫，深深活在別人的眼光中，傲慢又自卑，害怕自己不夠優秀。不安和壓力如同一種常規的背景蔓延在我的生活中，即使有開心和獲得一些成就，也是建立在這樣的底色之上，以致於我很難想像它們不存在的生活是什麼樣子。但因為還有「大家都差不多，生活就是這樣」這個理由支撐著我，所以我從未決心做一個真正意義上的改變，最多只是做些修修補補的調整。

當我的大女兒出生之後，我在陪伴她的過程中越來越感到力不從心，在她十個月的時候，我的父親被確診罹患胃癌。這個時候，我終於不能再自欺欺人了，我意識到我是如此脆弱不堪一擊，於是在那一年，我走上一條自我革命的成長之路。

這一路上有很多老師適時地出現，引領過我。舒俊琳、賴佩霞、艾克哈特、武志紅、克里斯多夫·孟、張德芬、肯恩·威爾伯、彼尚……無論是他們的課程或是書籍，都對我的某個階段有著巨大的幫助，非常感謝這些美好、智慧的靈魂，我們可以彼此映照。

我早已不是那個無助的小女孩。現在的我，前所未有地喜歡自己，對自己無比滿意。我已經是兩個孩子的母親，經營著兩家公司，我是瑜伽習練者、跑者、極限運動愛好者、心靈導師、作家……我越來越能活出自己的天賦，每一天都活在滿滿的喜悅和自在當中。

而我很願意把我所走過的路，所得到的支持去分享給更多人。

和很多老師不同，我並不是「天生本厚」的那種人，曾經被挾持在世俗生活中費力證明自己又無力的體驗，在這個時候反倒成為一種資源。因為一個盲人學會重新看見世界時，會比那些天生就看得見的人對正在摸索世界的盲人有更多耐心和理解，哪怕他們磨磨蹭蹭、戰戰兢兢，明明沒有危險卻舉步不前，因為我知道那是一種怎樣的感受，知道他們正在經歷什麼。

我知道這個過程並不容易，但也真的非常值得用心去行走。所以我願意在你身處黑暗時，陪著你，如果你願意把手交給我，我會陪著你，直到我們一起走向光所在的地方。

最後你會明白，歸根到底，這份力量終究來自於你的內心深處。

祝福你和你的世界從此光彩奪目，順遂安好！

——周梵

前言

─你生命中所有的問題，都來自於你不夠愛自己。

最壞的事情是人一生都不了解自己，因此一生就白白浪費了，不管多麼富有、多麼成功都沒用。不依賴他人的評價來行動，不去取悅他人，而是取悅「自己」。

——迪派克·杜德曼德 博士

◆─最大的利他就是利己

有些人很懂得愛自己，愛自己的人自我價值感高，覺得愛與被愛都是可以輕鬆不費力給予或得到的事。當進入任何關係時他們不會時時擔心會被對方拋棄，會有很強的安全感；一份更好的事業機會來到面前時他們內心也會坦然去嘗試去接受，而不會惶恐，惴惴不安；當碰到自己喜歡的人他們會去努力爭取，而且和對方在一起之後也不會有不配得到的感覺，會打從心裡相信，自己就是對方能碰到的最好的伴侶，會很認真地去愛，而不是害怕被傷害而有所保留，也不會常常試探對方對自己是不是真心。

當感受到愛真的離開時，絕不會為了一些所謂的「現實原因」而苟且將就，也絕不會為了報復別人而消耗自己。因為這些人打從內心深處明白，沒有任何人任何事比自己的幸福快樂更重要。

有些人天生「本厚」，照顧者從他一出生就給他滿滿的愛，讓他感覺到「我是值得被愛的」、「我值得擁有所有我想要的東西」、「我的感受很重要，我的感受值得被尊重」。

還有一些人的自愛力不是天生的，是後天學來的。這些人經歷了很多痛苦和困境，才終於不再把這些問題當作討伐他人的理由，而是開始當作自我改變的契機。早期在他們成長的過程中，他們的照顧者（父母）也活在自己的惶恐和疲憊當中，沒有給出足夠的愛，他們得到很多苛責，被忽略，被各種限制，不斷被比較，被嘲諷，被評判……自我價值感越低就會發展出越厚重的面具人格，這個面具人格就是為了獲得愛的生存策略。例如討好他人，總是壓抑自己，讓自己變得很乖，從不表達自己的需要，努力鞭策自己讓自己變得非常優秀等等。這些孩子長大之後，無論表面上看起來多麼帥氣漂亮，多麼成功優秀，在他們內心深處始終會有個聲音覺得自己不夠好，並總會無意識地找一些比自己某些地方做得更好的人來比較。當和喜歡的人在一起時，最常懷疑的一件事就是「她／他真的愛我嗎？」。

但不知從哪一刻開始，他們開始覺醒，開始成長，他們始破解了最初原生家庭為自己設置的「原始碼」，甚至重新編寫代碼，重新審視自己的人生，重新審視自己。他們不是天生的好運者，正因為有不愛自己的歷史，當他們重新學會「愛自己」時，他們會更懂得對自己的這份無條件的愛是多麼的珍貴。

更重要的是，這些人會停止自己家族的輪迴，他們不會把自己的模式延伸到孩子身上，而是用一種全新的境界來陪伴孩子，不再讓孩子體驗到和曾經的自己一樣無力的感覺，而讓孩子的心中充滿了愛和力量。我想，這大概是父母送給孩子最好的禮物吧。

當你看到這本書的時候，意味著你內在的某個部分開始覺醒，你的生活的某些領域出現的一些狀況（例如：關係、金錢、事業或健康）在提醒你，你需要重新審視自己的生活，當你的洞察足夠深入時你會發現：所有的問題追根究柢都是關係的問題，所有關係問題的本質都是對自己的愛不足夠。

當我們談到「愛自己」時，很多人會認為愛自己就是自私，甚至還有很多人仍舊把「一輩子為他人而活」當做值得歌頌的美德。可是他們並不明白，一個不會愛自己的人也不可能懂得如何愛他人，當人們自己都沒有體驗到給自己的愛是怎樣的，那麼所有給出去的充其量只是愛的代替品，可能是討好、交換、補償、依賴、迷戀、需要……但那都不是真正的愛。

如果自己都從未感受到對自己的愛，哪裡有愛能夠給出去呢，就好像當你想給別人一個蘋果時，你至少要擁有一個或一個以上的蘋果。所以那些生活在「一輩子為他人而活」的這種人身邊的家人朋友，並不會有多麼幸福快樂，沒有人能夠一直享受某個人總在為自己而活，因為在這種關係裡體驗到的絕不是愛，而是沉重的壓力和窒息感。

當你不愛自己的時候，你所給出的愛只是為了得到他人的愛而給出的某種交易而已。你會計較我曾經為你付出了那麼多，你為什麼看不到，為什麼我可以為你犧牲這麼多，但當我需要你為我做點什麼的時候，你卻做不到。

所以佛家說「最大的利己就是利他，最大的利他也就是利己」。

當你真正開始懂得如何無條件地愛自己，讓自己幸福的時候，你的愛就會自然而然的溢出來流向你身邊的人，這種愛才是純粹的，沒有控制性的，無條件的愛。

◆——所有有條件的愛都是暫時的

所有有條件的愛某種程度上來說都是一種交易或者操控。這個世界上用各種管道來強化你對自己有條件的愛的情形已經非常多了，那些試圖控制你的人、商業系統、廣告都是如此。

這些有條件的愛都是交換而且是暫時的，我年輕、漂亮、健康、身材好的時候我就愛自己，我能幹、有錢、做出了正確的決策，或者事業蒸蒸日上時我就愛自己；那麼反之，當你開始衰老，臉上長出色斑或者皺紋，出現了肚腩時就會厭惡自己；遇到事情無能為力、破產負債、或者做錯了決定，被解雇降職或者退休時，就會懷疑自己否定自己。

因此，我們在談自愛力的時候，是在談完完全全對自己的愛，更準確的表述是——無條件愛自己的能力。

沒有交易，沒有條件，沒有批判，如同大地對她所孕育的萬物一般的愛，如同太陽的愛，不管你是誰，你在哪裡，你做了什麼事，都同樣溫暖地照耀你。

大多數人很難想像這種愛可以來自於某一個人，這簡直就像神的愛。甚至有人會質疑這種愛真的存在嗎？更無法想像自己可以得到這種愛或給出這種愛。首先我並沒有說這是一件很容易的事，它確實不會那麼容易，但並不代表它不會發生。

每個人的內在都有三個不同的層面：動物的本能性、人性和神性。每個部分都真實存在於一個人的內在，而哪個部分會成為你的主體，取決於你是否時時刻刻去關注那個部分並選擇活出它。當你活出這個部分時，你就可以體驗並給出真正無條件的愛。

而第一個感受到這份愛的人就是你自己。然後你會看到，你生命中所有的問題都會迎刃而解。你的疾病會被療癒，金錢問題會解決，體驗到豐盛和富足，會開始擁有親密信任的關係，還有很多如奇蹟般的美好的事情發生在你的生命中。

為了這樣生命的狀態，無論如何都值得一試，不是嗎？

你準備好迎接這一切的到來了嗎？

目錄

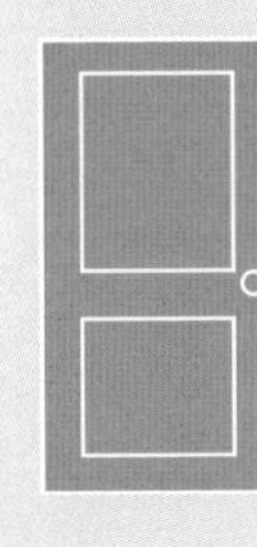

Chapter 1

看懂自己，你的人生才真正開始

目錄

Chapter 2

接納帶來自由和力量

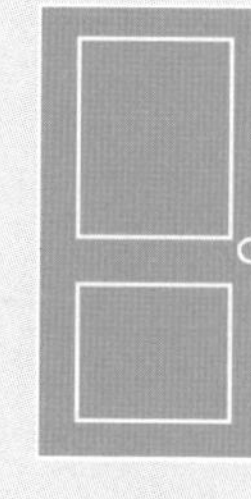

Chapter 3

明白你是誰，你想要什麼

Chapter 4

教會你身邊的人如何愛你

目錄

Chapter 5

你只會成為你相信的樣子

目錄

Chapter 6

和這個世界談戀愛

Chapter 1

看懂自己，你的人生才真正開始

◆面對自己，看懂自己。

我們才可以獲得真正的自由，
你做的選擇才是你真正的選擇，
而不是在命運的車輪下推動你的自動化反應。

這時，你的人生才真正開始。

愛自己之前，先了解自己

記得在很久以前，曾有過關於為什麼總是看到A女配B男的文章（或者反過來A男配B女，總之就是為什麼那些優秀的男女最後的伴侶看上去都很平庸）。大體一致的觀點是，A男A女們都眼光奇高，與他們相配的其他A男A女也自視甚高不願伺候，所以都只好找相對差一點但脾氣溫和並且有奉獻精神的B男B女們了。很多人也認同這種說法，但如果你懂得心理學，懂得潛意識這回事，懂得人是怎麼塑造自己生活的，你就知道真正的緣由，絕不是這麼簡單的。

◆——如果不年輕，我們就不會犯錯嗎？

我的一個客戶蘇卉，就是這樣一位A女，私人企業的老闆，自己有三家美容院，能幹，漂亮，即使生了孩子都依然保持著火辣的身材，開著BMW5系列，品味一流。她就是那種電影裡會讓人驚豔的女人，從打開的BMW車門後方優雅地放下穿著高跟鞋的小腿，你就會駐足期待看到那雙腿的主人，當她從車裡起身出來時你絕對不會失望，不管是婀娜的背影還是她轉過身時姣好的面容。這樣的女人何止是A女，簡直是A++女了。

但當一個常年穿著灰色夾克，不算胖卻有些肚腩，說話時眼神帶著幾分閃爍，普通得不能再普通的男人和她一起出現在公眾場合，並被介紹說是蘇卉的先生時，幾乎所有人在驚訝之餘都會在心裡無比惋惜，心裡都會有個聲音：「她怎麼會和這樣的人結婚？」

這樣的組合，很難想像他們的婚姻會甜蜜順遂。

蘇卉告訴我，在過去和他生活的這七八年中，她至少動過上百次離婚的念頭，說出口的都有幾十次了。不是因為他不夠富有，不是因為他外表平庸，而是因為這個男人真的太安於現狀了。他在當地稅務機關擔任基層管理職務，工作平淡而安穩，他最大的夢想就是能好好過日子。更過分的是，他特別擅長挖苦打擊自己的太太「賣弄風騷裝模作樣」、「喜歡瞎折騰」、「就是喜歡錢」、「忘恩負義」……

她在說那些故事時哭得像個孩子，精緻的眼妝被眼淚沖出一條條灰黑色的痕跡，「我知道，你肯定很想問我為什麼不離婚，我身邊很多人也問過我這個問題」。

我遞給她一張紙巾，「嗯，說說看」。

「以前我跟他提過，他不同意，還鬧到我父母那邊去了。他雖然對我很不好，但是他是個好爸爸，對孩子很好，而且我現在工作這邊有很多需要操心的地方，如果我要跟他離婚，我一個人帶孩子，還有店裡這麼多事，我怎麼顧得過來。而且他也確實沒做過什麼不可原諒的事情，我不想讓我父母這麼大年紀還為我操心，而且他也不是總對我不好，有時候他也會對我很好，我出過軌，我現在都不知道他到底知不知道，算了，就這樣吧……」她已經有些語無倫次了。

很難想像，在工作中獨立幹練的蘇卉在如此重要的人生領域中拉扯糾結了這麼多年。而蘇卉這樣的女人，或者說這樣的人卻無法拿出魄力做出一個真正的決定，一直在拖延，既不決定離婚，也沒有決定好好留在婚姻裡經營這段感情，去面對，去溝通。我常常對這樣的學員說，你**要麼站起來跑，或者累了就躺下來好好休息。但很多人不，很多人既不跑也不躺下來安心休息，他們選擇蹲著**。

故事到這裡，大家一定會好奇一件事。優秀如蘇卉，當初怎麼會選擇嫁給一個這樣的男人。

如果是之前的A女配B男的邏輯，當然很好解釋。但蘇卉剛認識她先生時才二十四歲，懵懵懂懂，那時的她也算不上什麼A女，更沒有A女的高冷和不易親近（事實上即使現在她也沒有）。

回憶起當年，蘇卉印象最深的有兩件事。談戀愛的時候，他風雨無阻地每天來接她下班，還有在她生病時為她燉雞湯，因為這幾個細節，雖然她並不愛他，但她感動了，就結婚了。最後她歸結為「當時太年輕，什麼都不懂所犯的錯」。

我們常習慣把生活中不想要的結果歸因於年輕，好像我們不年輕就不會犯錯一樣。事實上犯錯不是因為年輕，而是我們對自己認識得太少，不明白自己真正想要的是什麼。

年輕時的蘇卉太渴望被愛了，自愛太少了，那時有任何人對她好，她都會和那個人在一起，因為她需要的只是有個人來填補她心裡的那個愛的空洞而已。至於自己是誰，想要什麼樣的人，想過什麼樣的生活，她壓根兒就沒有想過。

潛意識裡的自卑感與我們所擁有的相貌和財富無關

到了這個時候，必須談談蘇卉的原生家庭了。

蘇卉出生的城市不大，但是個很宜居的地方，家境中等，父親是國中老師，母親來自鄉下農村，年輕時很漂亮而且能幹好學，在工廠裡是很優秀的技工。母親因為戶口問題在工作上受到排擠，本來嫁給父親是因為希望父親能夠幫她「走動走動」，但父親不懂得怎麼走動關係，所以母親把工作上所有的不順，都歸結於父親的無能。

在蘇卉的記憶中，父母感情很不好，經常吵架，吵得凶的時候媽媽連她也一起罵，有時候連「賤貨」、「騷裡騷氣勾引人」這樣的話也罵，蘇卉睜圓了眼睛瞪著我：「你說，什麼樣的媽媽會這樣罵自己的女兒？」印象中，母親從來都不會表揚她，最高評價就是

「還可以，但我告訴你，比你厲害的人多得很」。

爸爸是個不善表達的人，這也是媽媽經常數落爸爸的地方，媽媽常常說自己命苦，「嫁了個靠不住的男人」。有一次，媽媽在外面買東西，跟別人吵起來，越吵越凶，引來了好多人圍觀，爸爸在旁邊拉住媽媽，說「算了，算了，別吵了，回去吧」，媽媽回頭指著爸爸的鼻子破口大罵：「你這個窩囊廢，我被別人欺負，你還幫著外人！」

後來這件事被媽媽說了好幾年，幾乎每次吵架都要拿出來說一遍，常說的話就是「我這輩子就是命苦，最後誰都靠不住只能靠自己，養個女兒也是靠不住的」。有時蘇卉在旁邊寫作業，常常不知怎麼颱風尾就會掃到自己身上，所以在她成年後很長時間，在外面看到有人吵架，甚至大聲說話，她就會莫名其妙地身體緊繃，感到恐懼。

雖然衣食無憂，但童年生活在這樣的氛圍中，深深的自卑早就種在了蘇卉的潛意識裡，這種自卑感和相貌無關、和財富無關，所以你會發現你認識的很多帥哥美女，他們內心也會不自信。即使後來功成名就，但這種自卑感可能依然揮之不去。

當一個人覺得自己不夠好時，配得感就會很低，會覺得自己這樣的不配擁有更好的、更幸福的生活。這也是為什麼即使到現在所有人都覺得她很優秀了，蘇卉依然無法從婚姻的困局中真正突破的原因。她不相信自己有能力過更自在的生活，所以連尋找出路的力量都沒有。

蘇卉在成長過程中，長久以來都渴望有人能夠真正對自己好，溫柔地對待自己，這樣她會覺得自己起碼還是有人愛的，還是不錯的。所以當她進入適婚年紀時，出現了一個對她好的人，正好在適當的時候溫暖了她。其實即使真的出現一個她愛慕的A男，蘇卉也不敢要。為什麼？因為隱藏的自卑感會讓她不敢靠近這樣優秀的男孩，會讓她沒有安全感。

一個人如果覺得自己不夠好，當他和一個足夠好的人在一起時就會擔心被拋棄。即使對方從未有這種想法，這種覺得自己不夠好的不安也會隨時隨地籠罩著自己，所以蘇卉才會和她最愛的人分手，她的各種不安和猜忌必然會導致這種結果。

而蘇卉現在的先生，因為真的很普通，所以和她內在隱藏的自我價值評估系統吻合了——「不夠好的我配這樣的男人才是安全的」。

如果只是這樣，其實就沒有問題了，生活會平和順遂地過下去。但人的意識是多重的、矛盾的、衝突的，蘇卉還有另外一種自我認同，就是社會層面上的認同——「你看，我聰明漂亮，能幹上進，還會賺錢，我比很多人都強，其實我還是不錯的。」這也是其他人普遍看待她的角度，更表淺，更主流，也是更容易被發現的角度。

◆——會控制我們的，都是我們不了解的東西

所以問題就來了，一方面蘇卉潛意識裡覺得自己不夠好，只有和這樣的男人在一起才安心（因為能保證他絕對不會離開自己），另一方面又不甘心，為什麼這麼優秀的我只能和這樣的人在一起，在老公面前又有強烈的優越感和傲慢。就這樣，一個自卑的自己和一個自負的自己相互攻擊，輪流做莊。

這就是為什麼很多像蘇卉這樣的人既不選擇向前奔跑，也不選擇躺下休息，而是蹲在原地，一邊痛苦於現狀，一邊又不準備做任何改變的原因。**因為內在有兩股力量在拉扯，當你沒有對自己更深入地學習和探索時，就無法駕馭這兩股力量。**

還有另一種版本的蘇卉，就是她真的選擇一個世俗意義上很優秀出色的男人在一

起，但是她內心深處的低自我價值和不值得被愛的自我認同一樣會以另一種方式表現出來，她很可能會在關係裡誠惶誠恐，強硬倔強又脆弱多疑，導致對方對她的態度改變，最後創造出一些故事來讓她體驗這種與之相符的感覺。比如背叛、出軌、被冷漠地對待，等等。

甚至，即使她離婚了，如果這兩股力量沒有整合好，在下一段婚姻中，還是會出現對配偶又批判又依賴的問題，只是依賴和批判的具體方向不同而已。

歷史總是驚人的相似，蘇卉的媽媽對爸爸最大的不滿就是「沒用」，而蘇卉對先生最大的不滿是「不上進」，都是能幹的妻子蔑視無用的老公。

蘇卉在不知不覺中複製了自己父母的婚姻模式，只是她選擇的先生身上還有母親的影子，他們都喜歡透過表達自己多麼命苦多麼可憐來指責身邊的人，喜歡透過扮演受害者來控制別人。

蘇卉最痛恨母親這點，但是年幼的她無力改變，所以她就找了一個有相同模式的老公，因為如果幫老公把這個部分改變了，就等於說明母親把這部分改變了。這個動力來自孩子對父母的忠誠，因為孩子對父母有無條件的愛和忠誠，所以，孩子認為的父母不好的那些特質，他們又無力改變的，等他們長大之後要麼自己變成這樣，要麼找的伴侶是這樣。

這些動力都存在於潛意識當中，若非有進行專業而深入的溝通和探索，一般人是無法意識到的，而這些就是我們的「命」，很多人會周而復始地在生活中輪迴類似的故事，不同的人，不同的情景，但都有相同的感覺和相同的結局。

所以不要總把現在生活的問題草率歸因為「當時年輕不懂事，做了錯誤的決定」，說得好像我們年齡大了就不會犯錯似的。

當我們不了解自己時，自然就會被自己的「命」牽引著去一個自己根本不想去的地方。但是在另一個層面，命是可以被改變的，道家有句話，叫作「修行人的命是算不准的」。

如果你想減肥卻控制不住自己的嘴，你有沒有思索過，自己為什麼對食物有那麼大的渴望？這渴望跟什麼有關？

如果你想看一本書，卻一個字都看不進去，你有沒有思索，自己為什麼腦子這麼嘈雜，讓腦子安靜專注的方向是什麼？

為什麼你認為自己付出了很多，但旁邊的人卻感受不到？你有沒想過自己付出的方式出了問題，並尋找改變的途徑？

如果你明明知道對家人咆哮對影響他們的行為發生改變沒有任何幫助，甚至會造成反作用，為什麼你還是一次又一次地控制不住自己的情緒，重複同樣的模式？

如果你想運動卻覺得身體虛弱沒活力，你有沒有思索過自己，這種虛弱感是什麼時候來到你的生命中的，和什麼有關？可以做些什麼來獲得力量感？

如果你已經意識到自己身上有一些模式導致關係、金錢或健康層面出現問題，但卻從來沒有付諸真正有效的行動去做一些徹底且有效的改變，對這種無力和拖延的模式如何突破它？

如果你沒有真正破除這種模式，卻希望在自己不改變的前提下讓自己的生活有全面的改善，這基本上是不可能發生的，愛因斯坦說我們無法用提出問題的思維來解決問題。

當你可以真正開始觀察自己、了解自己的時候，你才有可能從過去的模式中解脫出來。因為那些會控制我們的東西，都是我們不了解的東西。

《美國隊長 3》裡，幻視是我最喜歡的一個角色，他強大而善良，睿智又不失溫度。

但他卻不算是人類，而是人造有機生物體。在影片的前半部分，有一段他和緋紅女巫的對話，讓我印象深刻。他指著自己額頭上的隱藏了宇宙巨大能量的心靈寶石說：「我不算很確切地知道這是什麼，它給了我強大的力量，它不屬於這個世界，雖然它是我的一部分，但我卻對它真正的屬性依然未知。」

緋紅女巫問：「你害怕它嗎？」

幻視回答：**「我想了解它。我對它的了解越多，它對我的控制越小。或許某天，我還能掌控它。」**

這段對話深刻而清晰地隱喻了我們和我們自身人格或命運的關係。

畢竟我們自己才是那個塑造自己命運的人，當我們敢於深入地自我探索，面對自己，看懂自己時，才能獲得真正的自由，你做的選擇才是你真正的選擇，而不是在命運的車輪推動下你的自動化反應。這時你的人生才真正開始。

刪光別人，才能看到真正的自己

很多人都有一些困惑，我們知道自己應該更積極，去運動，去堅持，去做有意義有價值的事情，下過很多次決心，但卻常常無法把一件事持續地做下去。似乎內在的力量不夠，不足以支撐自己更長時間。

在很多年前，我也是如此。我嘗試過很多事，跑步、瑜伽、學跳舞、學英語……無數次開始，又無數次放棄，然後又決心再次開始，又再次放棄，周而復始。

我是七年前開始接觸瑜伽的，在那個階段，我進步得非常慢，最重要的原因就是無法持續下去。而且那個時候每次到瑜伽教室上課都會引發我強烈的挫敗感：為什麼別人都做得那麼好，我的身體卻僵得像石頭。雖然瑜伽老師常常強調不要跟別人比較，根據自己的身體做到極限就可以了，可只要旁邊有人，我的眼光就會偷偷飄向別人，如果發現別人做得很好就很洩氣沮喪，如果發現有那麼幾個比我還糟糕就心中竊喜，但是無論是沮喪還是那小小的竊喜，心念都動了，在那一刻就失去了內心的穩定，身體會因為失去了專注的連接而晃動或者乾脆徹底失去平衡，摔倒在地。

在很長一段時間裡我都是在這種狀態中練習瑜伽的，一年大概也練個上十次，大部分都是自己偷偷躲在家裡練習，每次都覺得累得半死。唯一支撐自己下一次再去練習的動力就是將希望寄託於未來，希望長期練習之後能瘦下來，有像那個瑜伽老師一樣的好身材。

當我們把所有的動力全押注在未來時，就無法專注當下，無法享受做這件事本身的快樂。過程就變成煎熬，如果回報兌現沒有如期發生，比如練了幾次之後體重依然如故時，所謂未來的回報越來難以支撐此刻的痛苦，放棄只是早晚的事。

因此，我一度替自己貼了個標籤，認為自己就是一個「不能堅持的人」，對那些能把一件事堅持很多年，並獲得卓越成果的人充滿羨慕，當時我覺得自己肯定不是那樣的人。包括小時候最喜歡的繪畫，我在大學學的是設計專業，可是從學校出來之後我一天都沒有從事過和畫畫相關的工作，也再沒有拿起過畫筆。小時候對畫畫的熱情似乎消失了，一點都不想再畫了。我曾經想，如果我連這麼喜歡的畫畫都不能堅持下去，那麼我就真的不是一個能堅持的人了。

但有一件事我堅持下來了，而且做得很好，就是成為一位心靈導師。從學心理學開始，而後去學習哲學、宗教……探索自己和支持他人，我一做就是七年，越做越好，而且我非常篤定相信我會一直做下去。

曾經在接受一個媒體的採訪時，記者問我，周梵老師，如果你賺到了很多很多錢之後，你會做什麼？我認真思索了一下，我發現我還是想做我現在做的這些事：講課、寫書、運動、支持他人，最重要的是我可以藉著這個過程不斷進化意識，探索自己，重建自己。

這件事不為滿足任何人的期待，純粹只是來自內心深處的動力。

◆——你在為別人而活，還是為自己而活

在很小的時候我就問過大人，人到底為什麼活著？宇宙有盡頭嗎？宇宙盡頭之外是什麼？父母和學校的老師沒興趣給我答案，只是不斷告訴我，別想那些沒用的，好好學習，以後好好工作，你正經功課不努力，老是想那些沒用的幹什麼，你看看別人家的……

成年之後，我終於成為父母長輩眼中優秀青年的範本，奔波於辦公大樓、機場，出入五星級飯店，我曾經以為我會順著這個軌跡過完一生，升職，買房，換更好的車……可是當我掉入生命谷底的時候，存摺裡的錢、GUCCI的新款包包根本一點忙都幫不上。當看到最好的朋友遭遇痛苦時，曾經引以為傲的那點小聰明根本不管用，當發現父親罹患癌症的時候，所獲得過的吹捧和讚美什麼用都沒有。當按部就班朝九晚五的生活突然遭遇這些生命的變故之時，我再也無法安分地滿足於買房、養娃、賺錢、追劇的生活了。

兒時縈繞心頭的問題再次萌生，生命真正的意義到底是什麼？如果沒人告訴我，那我就自己把答案找到！這是我生命中開啟的第一個沒有摻雜任何功利性的目標，和他人

無關，只為自己。

做自己真正想做的事情時，力量是無限的。所以這件事我可以維持得這麼好，從來不覺得辛苦並且非常享受，也輕鬆地在很短時間內拿到一些成果。因為一開始這件事就不是為任何人做的，那是內心一股湧動的原始動力。

學習做真正的自己想做的事情是一生中很重要的功課，很多人都在做別人認為他應該做的事情，被要求的時間長了，連自己都忘記真正想要的是什麼了。

記得有一次我到一所大學演講，談起如何提升自我認同、接納自己，一個女生舉手非常堅定認真地說：「老師，我覺得你說的不對，別人怎麼看我才重要，我們自己怎麼看自己並不重要。」我驚愕地看著那張年輕的面容，無法想像在這個時代竟然還有年輕人會把「為別人而活」作為自己的人生指南，原來並不只有資訊閉塞的偏遠農村，或者擁有陳舊思想的中老年人才會這麼想。這樣的思想竟然一代又一代荼毒了這麼多人。

現在想想，這其中也包括曾經的我。

幾年前，有一次我去家附近的健身中心游泳，游著游著我突然驚異地發現了一個有趣的現象，每當我快遊到泳池終點時，我會特別在意自己是否游得優雅漂亮，甚至動作都變得更花俏了一些。當我意識到時，才發現前半個小時都是這樣，這麼做的原因很簡單，因為在泳池終點，坐著一位還算有幾分帥氣的救生員。

那個時候我已經在心靈成長的路上走了三年多了，我自以為自己已經走了很遠了，但當我意識到自己剛才的模式時，不僅心生羞愧：即使是現在，我還是會為一個陌生人「表演」。而我甚至不確定我的「表演」他是否看到了，這個人可能在我離開這個泳池後再也沒有機會見面，再順便說一句，那救生員真的不算非常帥，比起好萊塢電影裡的救生員差遠了，我卻依然因為這樣一個無關緊要的他人，改變我的心態和行為。

那時，我終於了解，我被別人的眼光制約得有多麼徹底，而把自己從別人的眼光中徹底解放出來，對我來說是一個多麼緊迫且重要的功課。

在這個世界上確實有很多人，關心別人怎麼看自己比關心別人多，關心自己給別人什麼印象比關心自己多。我不想再繼續做這樣的人了。

◆ 刪除對別人眼光的依賴，才可以真正面對自己

當我開始不斷刪除對別人眼光的依賴時，我才真正可以面對自己所有的陰暗面，接納這些曾經想要自我粉飾的部分，終於不再需要在別人面前證明自己，才真正看到別人、關心別人，而不是因為需要或者恐懼而討好別人。

真實而慈悲，這時候的自己是力量非凡的。

當我擺脫對他人眼光的依賴，一年前重新開始練習瑜伽時，我再也不去留意別人的動作，而把所有的注意力放在自己的身體和呼吸上，在這一年我的進步飛快，我的瑜伽老師說，我身體的狀態像練了很多很多年的感覺。

我跑步也不再是因為不滿自己的體重而減肥，而是當作行禪去關照自己。事實上跑步的過程是很枯燥的，你需要做的只是不斷把左腿挪到右腿前面，再把右腿挪到左腿前面，然後把這個過程重複幾萬次。如果只是為了跑完之後的結果而無法享受這個過程，我相信沒有人可以堅持跑下去。

你要做的是把所有的意識都安住在當下，從內在去細細體味這個過程，感受身上每

塊肌肉的發力、心臟有力的跳動、均衡而深入的呼吸，感受一滴一滴的汗液流下來，警覺地覺知在跑步的過程中飄過的念頭……這個時候沒有過去的懊惱和對未來的恐懼，也完全不再關注別人如何看待你，只沉浸在此時此刻的當下，你會體驗到一種從未有過的寧靜和喜悅。

所以當跑步變成只是自己的享受時，持續地跑下去只是一種享受而不用費力堅持。我從第一次開始跑三千公尺到能完成一點二公里，中間只經歷了五次過渡期，並且再沒有中斷過。而且我非常篤定，在這種享受自在的狀態中，我會越跑越遠，並將一直跑下去。

我甚至時隔十三年，又重新拿起畫筆開始畫畫，很大一部分是被我的朋友——新銳自媒體「好報」的主編大人享受繪畫不執著結果的狀態影響了，雖然他真的畫得很難看，但他真的玩得很開心。

於是我有一天也決定開始來試試，在畫畫的過程中，我突然意識到為什麼從學校出來之後我再也不想畫了，因為在學校學習的過程中，不斷被限制、被比較、被要求、被苛責，原本小時候喜歡畫畫純粹本然的那股熱情在學校學習的過程中無數次被碾壓，從學校出來之後，對畫畫的記憶都停留在那些壓力、考試、競爭、疲憊的感覺中，已經忘掉自己最初為什麼喜歡畫畫了。

當我開始不為考試、不為工作、不為別人，純粹只為自己的快樂而重新畫畫時，兒時的感覺又回來了，那真的是一種很棒的感覺，忘我、純粹、寧靜而又充滿力量，可以連續幾個小時不看手機、不吃東西，只是專注地沉浸於當下的創造。

那時我才了解原來「不能堅持」這件事不是天生的，只要學習刪除對別人眼光的依賴，護持住自己的本心，我根本不用「堅持」做任何事，只要沉浸其中去享受就好了。

什麼是真正的自己

當我們意識到所有的力量都來自成為真正的自己時，難免心生困惑——什麼是真正的自己，現在的我難道不是真正的自己嗎？如果現在的自己不是，那什麼時候的自己是真正的自己？我有過真正的自己嗎？如果有過，那真正的自己又是什麼時候離開的呢？

◆——戴著人格面具的圓圓們

講一個小女孩圓圓的故事。

我們社區有個小朋友叫圓圓，她跟我的小女兒差不多大，她們常常一起在社區裡玩。有一次我特地帶了些從外地帶回來的小點心，讓寶寶跟其他小朋友們玩時一起分享。我從盒子裡拿出點心分給幾個小朋友，在給圓圓的時候，她看我，又看看我手裡的食物，怯怯地搖了搖頭。我把手繼續往前伸出去一些，說：「沒事的，很好吃的，拿著吃吧！」圓圓直接跑到她奶奶身後，探出半個頭，抬頭看了看她奶奶，又看著我手中的食物，還是搖了搖頭。我不死心地說：「沒關係的，奶奶不會罵你的，拿去吃吧！」圓圓乾脆低下頭整個人都藏在奶奶身後，徹底不出來了。

這時圓圓奶奶對我說：「我們家圓圓很乖的，沒有我的同意，她從來不會隨便拿別人的東西。」說的時候帶著滿臉的得意和自豪。

我看著還不到三歲的圓圓，她一直都盯著我手裡的食物，幾乎沒有離開過，眼神裡除了渴望還有一絲恐懼。我非常清楚，圓圓的奶奶並不知道她對自己最愛的孫女做了什麼，對孫女的人格甚至未來的生命軌跡造成了怎樣的影響。

兩歲多的圓圓有一個非常真實的渴望——品嘗美味的食物。

然而她的養育者相信「小孩子拿別人的食物會顯得沒家教」、「小孩子拿別人的食物可能有潛在危險，不能養成這個壞習慣」、「我們家的小孩對別人家的食物表現得很感興趣會顯得我們家很寒酸」……

圓圓那天的反應，即使沒有學習過心理學的人也能推測出來，在此之前奶奶必定是無數次地阻止了圓圓接受別人的食物，甚至還可能因此責備過圓圓。現在這個小小的孩子已經把這種聲音內化為自己的一種人格了，就算奶奶不在場，她也無法直接表達自己真實的需要了。

試想一下，如果圓圓的成長環境沒有本質性的改變，她自己也沒有系統地自我成長，那麼當她成年之後，她就會一直帶著這種討好甚至有些怯懦的人格去生活。

讓我們來一起想像一個情景：

圓圓已經長大成人並結婚了，這一天是他們的結婚紀念日，她和老公約好了早點回家吃頓燭光晚餐慶祝一下。結果飯都快做好了，她的先生打電話回來，說：「老婆，對不起啊，剛準備下班時，我們公司的大老闆過來了，我的上司非常希望我晚上一起陪一下，我想問問你的想法，你如果真的不希望我去，我就不去了。」

猜猜看圓圓會說什麼？她的討好型人格會給出第一反應說：「好吧，你去吧！」老公如釋重負，放心地去陪老闆吃飯了。

圓圓放下電話，看著空空的屋子和一桌子菜，感到深深的失落和孤獨，心中突然泛起了強烈的懊惱，剛才幹嘛要同意他去，明明是不希望他去，想要他在家裡陪自己的，她開始責怪自己，幹嘛非要裝懂事裝乖，怎麼那麼沒用，真實的想法就是說不出口。

然後又會遷怒自己的老公：他怎麼這麼笨呢？還要問我同不同意，他應該直接拒絕老闆然後回家的呀，這說明在他心中，工作比我重要多了，他根本就不懂我，不愛我……

圓圓很有可能就一直在腦袋裡上演著小劇場，時而生自己的氣，時而生老公的氣，糾結在這裡面，能量越來越低，整個晚上都過得很不開心。甚至她先生回來之後，她可能還會對他擺臉色，愛理不理，而這個粗神經的男人可能也是一臉疑惑：「我不是問過你嗎？你不是都同意了嗎？你到底在氣什麼呀？你們女人真的是不可理喻！」

此處省略各種版本爭吵兩萬字……

各位有沒有覺得這是多麼親切而熟悉的場景啊！

雖然這個場景是我模擬的，但這種內心動盪的過程其實幾乎在每個人的生活中都有出現，區別只是你是放任它自行運作，還是對它有覺知有掌控。

圓圓們有個乖巧、甜美、討好的人格面具，這個面具下面是隱忍的憤怒和無力感帶來的焦慮，這個人格是他們所認同並且熟悉的，而且已經滲透到自己生活的每一個角落，而他們自己甚至都不知道這並不是自己本來的樣子，但這個人格已經伴隨圓圓們很多很多年，他們早已經忘記了那個最初的自己是什麼樣子。

◆ 你以為的「自己」，也許並不是你

有時候我會提醒人們要和自己的心連結，去做那些你真正喜歡、讓你有熱情的事情。可是很多人會回答我：周梵，我不知道怎麼和我的心連結，我也不知道我現在到底喜歡什麼。

也許這才是最糟糕的部分，我們把自己弄丟太久了，當我們想把它找回來時，卻發現我們已經忘記它的模樣了。

在我們身邊有千千萬萬像圓圓這樣的孩子和已經長大成人的圓圓。

不知道從什麼時候起，我們就深深地活在了別人的眼光中，為了滿足別人的期待而活。

所以你不僅在很小的時候會被你的養育者的催眠，被植入他們的信念系統和價值觀，在你成長過程中，整個社會文化、你的生活圈、階層文化都在不斷催眠你、洗腦你，讓你毫無意識地成為現在你以為的「自己」。

生活中那些催眠我們的資訊無處不在。賣鑽石的廣告會告訴你，只有你的愛人買一顆鑽石送給你，你的愛情才會恆久遠；賣冰淇淋的告訴你，如果他不買這種貴得要死的冰淇淋給你，就說明他不夠愛你；狗血電視劇告訴你，真愛就要各種虐心、各種誤會、各種難以啟齒、各種折磨，平平順順的就不是真愛……

記得有一次在一個飯局上，我跟旁邊一個初次見面的漂亮女孩攀談起來。那天是七夕節，就聊起這個話題，她很滿足地說，今天上午我收到了我男朋友送我的花、巧克力和大紅包，這個情人節我覺得我是一個「成功的女人」了。

她最後的總結讓我很詫異，從什麼時候開始愛情的目的不是幸福而是成功了？

本來，成功是一種姿態，給別人看的。幸福是一種感受，屬於自己的。

可不知道從什麼時候開始，幸福也變成給別人看的了。

你並不需要成為某個更好的別人

弄丟自己的人都有一個共性的特質，因為不確定自己是誰，所以總在透過別人的眼光來做自我確認。

每一份對自己的懷疑和否認，都是內在自我的一種分裂和消耗，都會大大地降低我們的力量感。

◆

期待自己變得更好，並不能讓自己變得更好

你期待自己變得更好，而不喜歡現在自己不夠好的部分，並不會讓自己變得更好，反而會讓自己變得更糟。

自我苛責並不會讓你真正變好，充其量只會讓你「看起來很好」。圓圓和我在飯局上遇到的漂亮女孩都是這樣，外人看到她們都覺得她們很好很幸福，只有她們自己心裡明白那種虛弱感一直都在。

而最重要的是，這種「看起來的好」所帶來的自信感和力量感是十分脆弱的，只要出現一個比你「看起來更好」的人，那種脆弱的自信就瞬間坍塌了，又或者有一個人看到了你的不好，這種自信感也被削減了，所以才會那麼在意別人的批評而急於自我辯解。而且要維持這種「看上去的好」也是疲憊不堪的，這是一個要不斷取悅他人、向他人證明自己的過程。因為他們自己內在對自己沒有足夠的愛和認可，所以永遠要透過外人對他們的回應來確認自己的價值。

因為太不確定自己是誰，所以才需要從別人的評價中獲得價值感和存在感。

所以內心完整富足的人是為自己而活，因為確定自己的價值，所以不會輕易地被外部的人或事影響。比如像知名演員徐靜蕾，可以躲在家裡一年多，只是自己做些小東西，別的女星走坎城紅毯、上頭條、登上財富排行榜對她造成不了任何壓力或誘惑，她也不管別人如何評價她，或者觀眾還記不記得她。她只做她享受的、讓自己開心的事，永遠按照自己的節奏去體驗自己想體驗的生活。

無論外面的世界如何暴雨狂風，永遠自帶光環保護罩，內心總是平和喜悅的，這就是真正活出自己的人。也許這些人看起來沒有任何攻擊性，而且相處起來也沒有壓力、非常舒服，但這才是真正擁有強大內心的表現。

有意思的是，這樣的人，往往不知怎麼就莫名其妙地成功了。而通常這樣的成功並不是以消耗生命的其他領域為代價的，不會為了成功沒了健康、丟了感情，或和孩子關係疏離。

當你活成別人期待的樣子時，所有的成就都是交換和消耗，你做事情都是為了別人而做，為了得到你想從別人身上得到的東西。你也沒有力量拒絕去做那些自己不想做別人卻期待你做的事，因為那些人身上有你想要的東西：物質層面的，名、利、權……情感層面的，被重視、被理解、被關心、被尊重、被愛……

如果沒有覺知和成長，就會在這條被操控和操控別人的路上越走越遠。

我曾在這條路上走了很多年，相信我，你永遠不可能在這條路上得到你真正想要的東西。

當你成為自己時，所有的成就都會輕易地顯化和創造，你做任何事都是為自己而做，沒有期待、沒有附加條件，在做那件事本身時就滿足了，總是活在當下，而且總是專注而喜悅的。

所以，你並不需要成為某個更好的別人，而是需要認真地找回原來的自己。所有的力量都藏在那裡。

◆——真正的力量只來自享受此刻的自己

我有一個朋友，她最喜歡說的話有兩句，「我沒有時間」、「總有人要做這些事兒的，我不做誰做呢？」每次她知道我要去旅行或者是去哪裡進修，她就說我好羨慕你啊，如果我邀請她一起去，她就會說我沒有時間，我有這個事情，我必須做那個，我要陪孩子，公司現在非常忙走不開……

她永遠都沒有時間，她一直對我的狀態充滿了不可思議，她說：周梵，你怎麼可以做這麼多事情？你怎麼可以又養兩個孩子又寫書又寫專欄，要講課，開公司，還做瑜伽，還跑步，還學這學那，你是怎麼做到的？我告訴她其實你也可以做到啊！然後她就會為自己設下另外的信念。她說：哦，不，你比我更幸運，你找了一個支持你的老公，還有你比我更聰明，你運氣比我好……她總有辦法不斷限制自己、催眠自己，必須等到未來的某一刻，比如孩子大了或者自己退休了，才能做那些自己想做的事情。

為什麼要等到下一刻呢？為什麼總在犧牲此刻來換取一個所謂美好的未來呢？事實上過去和未來本質上都只是幻覺，它們並不存在。過去和未來都只發生在當下，你永遠不可能擁有未來，你只有當下，犧牲此刻試圖換來的美好未來根本不會發生，你唯一能把握住的就是此時此刻、此身此地。

我記得小時候父母的工作單位有員工福利，會發一箱一箱的蘋果給大家，每次把蘋果搬回來，家裡的長輩就會做一件事，他們會把爛蘋果挑出來先吃，可是等把爛蘋果吃光了，原來的好蘋果就又爛了，然後再把爛蘋果挑出來吃，所以他們吃的總是爛蘋果。

而我長大後決定只吃好蘋果，不是等到未來，就在此刻吃好蘋果，如果有爛掉的蘋果就果斷地把它們扔出我的生活，不讓它們持續地影響我。所以我永遠都選擇並享受吃好蘋果。

真正的力量永遠只來自享受此刻的自己，而不是未來的某人。

接近自己的「虛擬死亡」練習

當我們有時又偏離自己生命的中心，把一些虛幻的價值當真，變得功利而惶恐時，我建議大家可以做一個「虛擬死亡」的練習。

在晚上睡覺之前想像自己這一覺睡過去之後將不再醒來，如果要回顧這一生中最珍貴的片段，會是哪些情景。這個練習對我非常有幫助，每次我在回顧時，發現那些片段不是在萬人舞臺上演講被追捧，也不是公司賺到一大筆營業額，也不是完成一次馬拉松的歡呼榮耀……

而是一個人靜坐突然沒來由地發自內心的喜悅，是心無罣礙地和家人朋友在一起的閒適，是把真心敞開毫無保留地支持一位夥伴，是一個人跑步體驗到天地融合的極致喜悅。那些能支撐生命的「光輝片段」，都是真正屬於自己的時光，又是忘掉人我區隔的瞬間。越接近真我的時刻，就是越無我的時刻，這很哲學也很玄妙。

享受做自己喜歡的事情時，就是最接近真正的自己的時候。

唯有湧動和沉靜、當下和真我雙全之時，你的生命才真正展開。

Chapter 2

接納帶來自由和力量

◆

有最大的自由，
才有最大的成長，
同時才能使出最大的力量。

如果只是遵守道德規則，
那不是成長，
只是服從。

減少內在消耗，停止糾結

「如果生活欺騙了你，那你就欺騙回去」，這句話曾經很流行，不少人都贊同它。如果一個人抱持這樣的想法，是因為感覺生活辜負了自己，對自己的生活感覺到無力、疲憊、被辜負甚至是絕望。有這種感覺意味著他根本沒明白現在的生活是如何被創造出來的，同時對於創造出這種生活的自己也一無所知。

我們都知道，一個人的命運是由這個人每天對這個世界所做的反應、每一次言行所決定的，而一個人會有什麼樣的言行是由自己的人格模式決定的。

◆──為什麼你會覺得「累得要死」

生活中有很多人會說，「我的性格就這樣，改不了啦」、「沒辦法，我就是這脾氣」，有這種想法的人內心有兩個核心的自我認知限制：第一，他們認為他們的性格或脾氣是一種永恆不變的固定事實；第二，他們認為「性格」或「脾氣」比「我」更大。

首先我們要明確了解這兩點：

第一，你的人格不是你，你擁有你的人格，但你不是它。

第二，你的人格是可以被改變的。

人們認為「我」＝我的人格，當你在說「我的個性就這樣，改不了」時，那個「我」是誰？究竟是誰在說我改不了？而當你在說「我的個性」時，顯然你明白不是你的人格擁有你，而是你擁有你的人格。

既然人格是你的所有物，那為什麼你的所有物反過來控制了你？就好像僕人變成了主人，主人卻心甘情願地聽從自己的僕人。而且這個僕人並不是一開始就跟著你，在你剛剛出生的時候，你並沒有擁有你現在的人格，在你只有三四歲或者更小的時候，你也沒有現在的人格，你的人格是你在成長的過程中根據你的養育者對待你的方式選擇的一種生存策略，以及你所成長的環境和文化灌輸給你的一些信念系統，和你過去歷史的經驗累積起來的綜合產物。

人格是會改變的，你現在的人格模式很可能跟十年前不一樣，而且也可能和十年後不一樣。當然，對於一些從未開啟自我成長的人來說，它們可能會以一種人格模式延續到老年甚至死亡的那一刻。我們身邊也不乏這樣的人。

一次，有個學員問我：「周老師，我的父母尤其是父親特別喜歡指責我，總是覺得我這沒做好那沒做好，我在他們心裡簡直一無是處。所以每次回去看他們，我的狀態就會變得非常糟糕，雖然我也知道他們指責我是為我好，但我還是很受影響，所以現在我就盡量不回去，但時間久了又覺得自己不孝，覺得這樣不好，還是應該多回家看看，可是一回家能量又掉下來。我很糾結。周老師，我該怎麼辦？」

我說，你有兩股動力，不想回去和應該回去，那這兩股動力哪個更真實更強烈？他說，不想回去。我笑了，說，那是更接近你真實感受的動力，那就先遵循這個動力，對自己誠實。至於「應該回家」或「我應該孝順」是你後天習得的一些文化的規條和信念，並內化成你的社會人格，常常令你自我強迫。

當然，人內心當中的這種糾結絕對不止幾組，有很多很多相互衝突的力量都在相互拉扯。

比如：

有一個心儀已久的工作機會，但在一個距離現在住處很遠的城市，去還是不去？

戀愛了好幾年，但經常吵架，這樣的關係要不要結婚？

孩子應該上崇尚愛和自由的創新型學校，還是上校規嚴格而刻板的主流學校？

伴侶出軌，孩子還小，原諒還是不原諒？

現在的工作穩定且福利保障齊全，但自己被消耗得精疲力竭已毫無熱情，去還是留？

很多人在自己的「兩難」中可能會被卡住很多年，到頭來什麼成果都沒有得到，卻白白消耗了很多生命力。

而且不僅是這些較為重大的決策會消耗我們，那些隨時隨地頻繁出現的小劑量「糾結」對我們的消耗事實上更大。

是再睡十分鐘還是馬上起床？

是去跑步健身還是繼續窩在沙發上追劇？

已經吃飽了，是放下筷子還是再往嘴裡塞幾口燉牛肉？

是再滑一下手機還是馬上起身去電腦前回 e-mail？

是該選這件明豔性感的還是那件端莊大方的衣服去赴約？

他說的這件事，我該給什麼反應？是豁達淡定還是告訴他我不開心？

這種程度的左右為難一天之中可能會出現十幾次，甚至幾十、上百次，而且早已成為很多人的生活常態。

無論事情大小，也無論你外在看起來如何，每一次在「選擇 A」和「選擇 B」之間的舉棋不定都是一種內在的拉扯，而所有的拉扯都會造成巨大的意識消耗。

很多人會發現，一天下來回顧自己似乎並沒有做什麼具體的事，卻感覺非常累，甚至可能只是在家躺了一天，到了傍晚時卻有種疲憊不堪的感覺。

因為所有的生命力都被內在的各種自我拉扯消耗掉了。

每個人都像一輛高性能的車，我們的心靈就是這輛車的駕駛。有些駕駛很了解自己和這輛車，常常可以達到「人車合一」，所以能輕鬆地把車的最佳性能發揮出來，車能走得又快又遠。可是有些駕駛完全不了解自己的車，對自己的車技也沒有什麼信心，所以在前行的過程中常常同時踩剎車和油門（你知道的，所有菜鳥司機都非常擅長急踩剎車），結果不難想像，油全部用光，車卻沒有開多遠，車子性能再好都發揮不出來。

這就是很多人被卡住的生活狀態——覺得累得要死。

◆——透過人格三層圈了解自己的本質

每個人的人格中都有兩個部分，如下頁圖中的外圈和中間層，即社會人格和陰影人格，這構成了我們的人格模式。

當我們在理解「我」時，在物質層面，我們會認同「我」就是皮膚以內的部分——我們所擁有的這個身體。而在意識層面我們認知的「我」通常是指我們的人格，這個人格由外圈的社會人格和中間那一圈的陰影人格構成，我們稱其為「人格」或者「小我」。

然而人格是可以不斷改變的，比如你十六歲的人格和你現在一定有很大不同，如果你自

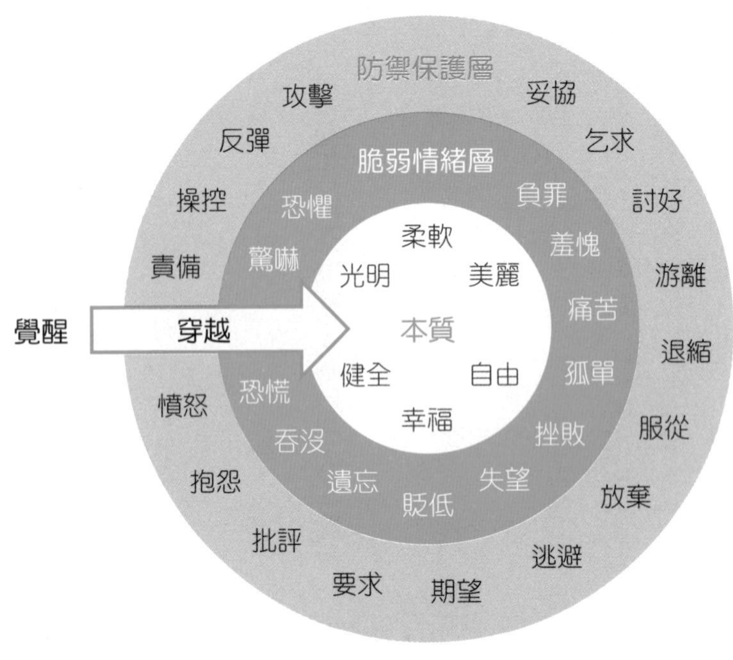

▲人格三層圖

我成長得夠快，很可能你兩年前的人格也和現在有很大的不同。

當然也有很多人成年之後，完全停止了自我的成長和擴展，很可能他們老年之後的人格模式和五十年前沒有多大差別。這些人可能就在我們身邊，也許是你的一個親戚、鄰居……他們會抱怨一件很多年前發生的事情，同一種視角，同一種感受，多少年來從不厭倦地講著同一個版本，從未改變過。這些人一生都困在自己的小我中，沒有真正去觸碰那個真正的自己——本體。

我們先來談談我們的人格，後面我會談到本體的部分。

你的人格是你基於過去成長的環境選擇的某種反應策略，那是我們在某種特定環境下所選擇的生存模式，但因為它跟著你的時間太久，跟你太熟悉，這種模式會越來越固化，已經變成你觀察世界或觀察自己的背景。

這種背景從我們有記憶以來就一直跟隨著我們，以致於我們很難覺察到它。就好像生活在水裡的魚，牠甚至都不知道水的存在一樣，因為牠根本就意識不到這些事情，水從牠出生以來，就一直跟隨著牠。魚可能會觀察到水裡其他的小魚小蝦，視力再好點的魚也許還能看到一些浮游生物，然而牠唯獨意識不到水的存在，除非有一天牠從水中躍出，在離開水面的那一刻，牠才會意識到：「啊！原來我之前一直生活在水裡呀！」但如果這條魚從未離開過水，牠也許永遠都不知道世界上有水這種東西。

從小到大我們會建立各種各樣的信念系統，並形成我們的人格：應該如何，不應該如何；男人應該是什麼樣子，女人應該是什麼樣子；一個人當了媽應該是什麼樣子，當了爸又應該是什麼樣子，等等。這些規條從我們很小很小的時候就跟隨著我們，而我們的養育者和社會的主流文化也在不斷地強化它們，以致於我們從未意識到這些信念對我們的制約，以及這些信念又是如何創造出現在生活中各種各樣的問題的。

外圈這一層就是我們的社會人格，同時也叫防禦保護層，那是在我們的成長過程中，我們的養育者和我們所生活的社會階層的文化、主流價值觀要求我們表現的樣子。說得更簡單些，就是別人期待我們成為的樣子，如果我們漸漸認同且內化了這些信念系統，那麼也會變成我們期待自己成為的樣子。

而陰影人格就是那些被批判、被否認、不被允許呈現的特質。就好像上一章裡的圓圓，她的「自私，為自己著想」的這部分，就是她的陰影，她認為自己這樣不好，所以就會壓抑這些，表現出社會人格（善解人意的部分）。這些壓抑、否認、評判曾經都是來自外部的聲音，在成長過程中，這些聲音慢慢地不斷被我們內化，變成自我中的一部分。

當我們不想再繼續自動化反應、被命運的車輪碾壓，當你意識到自己並不了解自己，並且敢於承認和面對自己內在的這些衝突時，你才真正踏上探索自己了解自己的旅程。

曾經有心理學家和生物學家一起做過這樣一個實驗，他們找來一些棘魚養殖，棘魚是非常有領域意識的魚類，當雄棘魚發情之後，把一條雌棘魚放進魚缸，結果雄棘魚表現出瘋狂的行為，牠一邊努力地吸引雌棘魚，一邊在雌棘魚靠近之後又瘋狂地攻擊牠，然後又吸引雌棘魚……雄棘魚被自身「維護領域」和「交配」的兩種本能需要搞瘋了，所以出現這一系列看似瘋狂的舉動。棘魚沒有獨立的自我意識，牠無法依靠自我來判斷和選擇，牠所有的選擇都是本能的、自動反應的。

所以在更深的層面上來講，無論棘魚是生活在魚缸還是海洋裡，牠也從來沒有真正自由過，因為牠被困在自己的本能之中，永遠不可能做本能之外的事。

如果棘魚也擁有人類特有的自我意識，及其延伸出來的能力——自我覺察、自我成長、自我擴張，那麼雄棘魚就有能力自我審視，探索自己這些瘋狂的行為，並讓自己的意識進化，發展出更高的智慧來統合兩種有衝突的本能性的需要。

然而無論是人類還是棘魚，要做到這些必須有個很重要的前提——對自己的行為動機有足夠的了解，甚至是對行為之前，僅僅在內在意識之中發生的情緒、念頭有足夠的覺知。

人和動物最大的差別是，人擁有自由意志，擁有獨立思考做決定的能力，而動物沒有，動物所有的行為都是依循牠們的本能。但是當我們對自己的了解不夠時，就會被某種自己尚未覺察的習氣和模式所牽制，做出自動化反應。甚至都不知道浪費了自由選擇的權利。

因為不知道自己擁有什麼，所以當自己自由選擇的力量在流失時，也不清楚自己在損失什麼。

對很多人來說，他們即使擁有比動物複雜得多的大腦，卻依然是本能反應的奴隸，從來也沒有觀察並了解過自己的行為、動機、意圖、習性，結果看似是「自己」做了一個決定，實際上「自己」從來沒有真正存在過，一切都是本能在驅動。

就像前面故事裡的蘇卉在她的婚姻中遇到的狀況一樣，表面上看起來是「自己」做了一系列選擇，然而由於她不了解自己的內在，看不清內在相互衝突的人格，所以就只能允許它們相互衝突、相互消耗。這個世界上有很多人都是如此，一時傲慢，一時自卑；一時急躁，一時拖延；一時責備他人，一時自我愧疚……

肯恩．威爾伯在他的《萬法簡史》（*A Brief History of Everything*）裡談到，我們的生命並不是由一系列簡單、扁平的客觀事件組成的，像一堆石頭一樣有明確的位置。我們的生命包括深處的主觀成分，我們必須親自理解並解析它們。它們不僅有著表層，而且有著深層，表層可以被看到，深層卻必須被解析、被深入地探索。

我們越充分地解析自己，我們的生命對我們來說就越透明，也越能夠清晰地看到並理解它。它越不會在晦澀不明中折磨「我」，使「我」迷惑，使「我」痛苦。

要前往一個更好的方向，並不需要否認現在

當我們沒有覺醒，完全以一種懵懂的、本能的狀態生活時，我們會無覺知地做一些傷己傷人的事，會批判或指責他人，而且覺得特別理所當然。

而這個時空有不可避免的因果法則，這些給出去的負面能量，在某一天都會以某種形式呈現在你的生活中，讓你無處可逃。你會終於意識到，天啊，原來自己真的有很多問題、真的做錯了很多。意識到問題和看到盲點，是改變的第一步，這很好。但同時，人們會容易掉進一個陷阱——自我攻擊。

◆—— 放下愧疚模式，是提升能量的前提

肯恩．威爾伯在他的《意識光譜》（*The Spectrum of Consciousness*）裡說，我們進化的每個階段都是最合適的，而下個階段會更為合適。

我和他的觀點是一致的，我們要前往一個更好的方向並不需要否認現在。發現當下的問題，面對、承認並改善就可以了，並不需要攻擊這個部分。小我是喜歡批判和攻擊的，不是攻擊他人就是攻擊自己。所以愧疚感是小我最常玩的把戲之一，同時也是最容易削弱力量感的情緒。

在後面的篇幅我們會談到能量，在能量層級圖中，愧疚是能量最低的一種情緒。這個世界有很多人都習慣利用愧疚感去控制別人。首先我們要提醒自己不要這麼做，而且不要配合別人玩這個遊戲。

放下愧疚模式，是自愛很重要的一種能力，也是提升能量的前提。

整個人類群體習慣利用愧疚控制別人，這是一種非常古老的模式，所以讓我們來好好了解下我們生命中這股熟悉而又陌生的能量。

有一次我擔任一個廣播節目的嘉賓，那一集的主題是關於父母陪伴孩子的過程中如何避免一些無意識的傷害。當討論起父母對孩子哪句話最傷人的時候，主持人冷不防問了我一個問題：周梵老師，你的父母說過什麼話你覺得對你的傷害最大？這個問題一下子難倒我了，這麼多年的自我成長最大的成效之一，就是讓我把成長過程中認為的那些傷害釋放掉了，同樣的經歷現在再回想起來已不再有受傷的感覺了。所以當主持人問到這個問題時我真的找不到還感覺很受傷害的回憶。

一番搜腸刮肚之後突然發現還有一絲殘留的心酸的痕跡，我對主持人說，嗯，還有一個，我想到了，就是我成年之後，甚至都已經有了自己的孩子，我媽對我說了一句話，當時讓我蠻難過的。主持人非常好奇地問，是嗎？什麼話？我說當時因為有些她認為很重要的事情我不願意聽她的話，堅持要按照自己的想法做決定，我媽氣急之下說：「算了，我就當沒養你這個女兒，以後老了我也不指望你養，我自己過。」當時聽到之後心裡很傷感，傷感之後還有很生氣、愧疚、被辜負、委屈、被冤枉等複雜的情緒。

結果主持人說，哎呀，這話應該很多人都聽自己的父母說過吧！我自己就聽過。

另一位主持人說我們不妨跟正在收聽的聽眾做個調查。主持人劈哩啪啦地敲擊鍵盤，把內容發到節目的互動平臺上，沒過多久很多聽眾就紛紛留言，幾乎有百分之九十八的聽眾都表示，他們都在不同的年紀聽自己的父母說過類似的話。

主持人問了一個很重要的問題：「周梵老師，為什麼那麼多父母會喜歡對孩子說這句話？」

我回答：「事實上，這句話裡面的資訊量是很大的。每個人除了接受直接語言資訊之外還會接受後臺語言，後臺語言就是那些沒有直接表達，而是隱藏在字面意義背後的資訊。」

在這句話中事實上表達了幾層意思：

- 因為你的問題，所以我老了以後決定自己過
- 我之所以老了要自己過，是因為你是靠不住的（這裡的靠不住＝不孝、沒有擔當、不負責任、自私……）
- 你是一個連生你養你的父母都覺得靠不住的人
- 所以追根究柢，你是個失敗的人

看似是一句自憐自哀的語句，所傳遞的後臺資訊每一層都是對對方一種更強烈的指

責和否定，所以會引發聽者很強烈的負面感受。然而說話者本人的終極動機並不是為了讓對方難受，這句話最核心的目的被自憐自哀、責備層層地掩蓋起來，讓聽者沒有辦法感受到這個最深的訴求，這個訴求是：那樣說只是想激將你，我希望我們能相處得好一點，其實我很害怕孤單。

追根究柢最終極的渴望就是——我想要愛。

但在華人社會，幾乎不會有人這麼表達。在華人的習慣裡，親密關係中的一方期望另一方給予自己更多愛的時候，通常習慣用道德譴責的方式來責備對方，試圖透過讓對方心生愧疚來獲得自己想要的愛。可他們不明白的是當你讓對方感到愧疚的時候只會把對方推遠。

◆——愧疚除了會降低自己的能量之外沒有任何意義

我想起我的一個學員C的故事。她本來有一段很幸福的婚姻，直到發現她的丈夫出軌，那段時間她感覺痛不欲生，兩個人彼此還有很深的感情，經歷了一個很痛苦、膠著的階段。丈夫徹底離開外遇對象重新回歸家庭後，她反覆思考，最後決定原諒丈夫，不離婚，兩人繼續好好過。

但是後來只要兩人吵得比較厲害時，C就會把自己知道丈夫出軌時是多麼心碎、多麼痛苦說一次，告訴他他是多麼殘忍地傷害了自己，C的丈夫自知理虧通常就閉嘴了。

甚至後來C的丈夫為她做了很多事，經常提早起床下樓去買早餐回來，或是時不時買禮物給她，而且平時跟她說話都很小心。但C說，不知道為什麼，他做的這些我一點感覺都沒有，可是如果以前他做這些我會很感動、很幸福，這到底是為什麼？

我告訴C，因為你的先生做的這些雖然看起來很像愛，但其實你知道，他是出於內心的罪惡感在補償你，並不是從心裡自然流出來的愛。而事實上，這種罪惡感是你不斷強化出來的。你就像個法官，不斷地審判他，他在家裡就像個罪人，試問有哪個罪犯敢和審判他的法官靠近呢？

最終你的目的達到了，對方覺得對不起你，他可能會加倍對你好，但是那種好總讓人感覺有種莫名其妙的悲涼感，因為得到的終究只是補償而不是愛，補償的時候親密的感覺就離開了。當罪惡感太沉重時，我們會無法面對，最終會逃離那個帶給我們愧疚感的人。

在關係中，愧疚感和親密感你只能選一個，這兩種感覺是不可能同時存在的。

這種審判別人的習慣很多人都有，這來自我們成長過程中養育者對待我們的方式，以及整個社會文化不斷對我們的催眠。我們審判家人，審判自己，審判陌生人，所以你常常會聽到大街上有人對素不相識的人指指點點：「那孩子真沒家教」、「哪有這樣當父母的」。好像每個人都掌握了一套真理的標準可以去評判別人。

最要命的是這種審判不僅會碾壓別人，還常常會碾壓自己，事實上，越熱衷於讓別人愧疚的人也越習慣讓自己愧疚。

幾年前我父親罹患胃癌最後的那段時間，已經不能吃任何固體食物了，那時候我只能每天早上去買杯豆漿給他喝。有時我看著消瘦的父親喝豆漿的樣子，心裡非常酸楚難過，我在想為什麼爸爸身體好的時候我沒有經常帶他去吃好吃的，而現在我唯一能做的就只是給他一杯豆漿，我覺得自己不是個好女兒，我做得太糟了。

我越想越難過，越想越愧疚，甚至工作的時候想到這些會一個人哭起來。那段時間我還住在父母家，我的工作越來越忙，回家的時間越來越晚，後來我發現我是在逃避見到我父親，因為見到他就會勾起我的愧疚感和無力感，而回家的時間越少我就越愧疚，就這樣惡性循環，令我的狀態非常糟糕。

直到在一個課程中我得到了啟發，我意識到我根本不需要愧疚，愧疚對改善我和我父親的關係一點幫助都沒有，只會像一堵厚厚的牆把我們隔離得更遠。而我的父親也不希望我對他有任何的愧疚，那只是小我刷存在感的把戲而已。愧疚除了會降低自己的能量之外沒有任何意義。我開始放下那些愧疚的感覺，看到在每個時刻我都做了能做到的最好的選擇，而我只需要繼續看到我還可以做哪些更好的選擇就夠了。

無論是父母對孩子，還是伴侶之間或者其他關係的人，人們總以為如果讓對方感覺到羞恥，會讓對方反省自己，並且讓對方變得更好，大家稱其為「激將法」。事實上這完全不符合心理學的運作原理，自我改變是需要力量的，我們的每一次改變都需要拿出力量去破除掉原來舊有的習性，而罪惡感是能最快扼殺力量感的東西。越去批判或譴責他人，事實上就越剝奪了對方改變的力量。

這也是著名的管理大師彼得·杜拉克和沒有達成公司目標的員工溝通時最常說

的話：「I'm not to judge you, I'm to help you.（我不是來評判你的，我是來支持你的）」因為杜拉克非常清楚，當對方感受到被批判的時候，改變的力量就喪失了。

尼采說，當你不再感到自我羞愧，你就得到了真正的自由。

正因為太清楚愧疚感對一個人力量感和價值感的破壞，所以在我的課程中，我會用很大的比重來轉化曾經遺留在學員心靈深處的愧疚感，它們有些是成年之後被自我和他人反覆強化出來的，而大部分是在很早就烙下烙印了，也許是幾歲，也許是十幾歲。

很多父母都對孩子說過類似的話，「我們每次吵架都是因為你不聽話」、「我為你操心操得頭髮都白了」、「要不是因為你我也不會留在這個地方」……

這些話都會在小小的心靈裡留下深深的印記，當任何不好的事情發生時，我們內心就會有個聲音響起：「是不是都是因為我不好，這樣的事情才會發生？」

由著名演員麥特戴蒙編劇並主演的經典影片《心靈捕手》就是一個關於罪惡感如何影響一個人生命軌跡的故事。麥特戴蒙飾演的威爾是一個問題少年，同時也是一名數學天才，他成天四處閒逛打架滋事。後來一位數學教授為了幫助他找到人生方向，不浪費自己的天賦，特地請來心理專家尚恩替他做心理諮詢。在整個諮詢的過程中，威爾充滿了抗拒，進展緩慢。劇中最大的一個轉折，威爾真正開始發生改變的那一幕，發生在心理專家尚恩的辦公室裡，威爾在半催眠中說出了自己小時候被性侵的經歷。

尚恩看著威爾說：「這不是你的錯。」

威爾帶著玩世不恭的笑容說：「我知道。」

尚恩靠近他，盯著他的眼睛說：「看著我，這不是你的錯。」

威爾繼續說：「是啊，我知道。」

尚恩靠得更近，「不，你不知道，這不是你的錯。」

尚恩不斷靠近威爾，看著威爾的眼睛重複這句話「這不是你的錯」，終於威爾再也隱藏不了內心的感受，哭出聲來。尚恩抱住他，混世魔王威爾在他懷裡哭得像個孩子。那一刻尚恩才真正幫助威爾釋放掉隱藏在他心裡多年的羞愧感。威爾終於不再用自甘墮落和逃避來懲罰自己，開始決定重新勇敢認真地對待自己的人生。這是一部關於心靈療癒的好電影，我非常推薦大家去看看。

我希望每個人都能真正明白，**當你想讓一個人變得更好時，最重要的事情就是不要讓他有愧疚感，這個人也包括你自己。**

接納真實的自我

S 的父母最常對 S 說的是：「你這樣別人看到了會怎麼說？」她從小受到的教育就是做事前要多想想，不要衝動，不要造成別人的麻煩。青春期時她也抗爭過叛逆過，不過被父母壓下去了。在父母眼裡，S 也算爭氣，考上了國立大學，畢業沒多久就找到一份還不錯的工作，也夠努力，不到三年就升職了兩次。

到了適婚年齡一直沒有戀愛，於是她就配合父母安排相親。父母喜歡那種踏實、有經濟基礎、老實卻無趣的男人，只能一起吃一頓不鹹不淡、沒話找話的飯，無聊尷尬到爆棚，飯剛一吃完她就得找個理由匆忙離開，實在沒有動力再多待一分鐘。

這種類型的男人前前後後見了好幾個，她實在是提不起半點興趣。S 爸媽身邊的適齡單身男庫存基本上已經沒有了。最後媽媽的同事毛遂自薦家裡一個剛剛回國不久的遠房外甥小唐。

他們在飯局上相談甚歡，小唐對S印象很好，吃完飯捨不得馬上分開，小唐說，我們走走吧，S同意了。走著走著經過一個公車站，小唐一把抓起S的手就跳上了一輛剛停下來的公車。

S錯愕不已，這是要去哪？小唐說，我也不知道，管它的，你就陪我坐坐公車來個一日遊吧！S整個人都傻了，她第一次意識到，人竟然還可以這麼活！還可以這麼隨性自在，無拘無束！

就在那一刻S愛上了小唐。他們戀愛了。

後來他們戀情發展得很順利，很快結婚生子。我認識S是在他們相識的第三年，這時他們的孩子快一歲了。她來找我是因為覺得她的婚姻快撐不下去了，他們現在有很多爭吵。而現在S最無法忍受小唐的地方就是這個男人實在是太不負責任、太隨性了。

她最希望小唐改變的就是做事情能有計劃一些，多考慮一下別人的感受，不要自己想做什麼就做什麼。她覺得現在跟小唐在一起好疲憊，她要承擔很多，而小唐也覺得很累，他覺得自己已經為這個家改變很多了，但S似乎都不滿意。S也很困惑，為什麼小唐當初最吸引她的地方，現在卻成了她最厭棄的部分。

每個會吸引我們的人，身上都有一些可以填補我們內心空洞的特質，要麼是我們壓抑的、不敢做出來的，要麼是我們對自己有不滿，希望對方來補充的。

比如：嫌自己木訥內向的，就會被活潑風趣的人吸引；討厭自己拖延不積極的，就會被不達目的不罷休的人吸引；覺得自己太浮躁易變的，就會被沉靜踏實的性格吸引；覺得自己學歷低、成績不優秀的，就特別想找個高學歷的優等生。反之亦然。

這種吸引和選擇往往發生在潛意識裡，在人們根本沒有覺知的時候就發生了。所以我們常常覺得愛情是莫名其妙的，似乎我們愛上誰是毫無規律、隨機發生的。

其實如果你無法決定你會愛上誰，是因為你還沒有力量決定自己是誰。你不知道怎麼會愛上這個人，是因為你也並不了解自己。

而我們無法接納別人的核心原因也是我們尚未完全接納自己。

同時，這些部分被我們壓抑是因為有一個「內在父母」在評價它，不允許它呈現。比方說，覺得隨性而活就是自私，就是不負責任。所以我們的內在就對同一個部分有很矛盾的兩股力量：又渴望又抗拒。

◆——我們對他人的批判，追根究柢都來自自我批判

這個世界上那些喜歡批判他人的人，心境都是很複雜的，又批判又渴望，又羨慕又厭惡。因為對方活出了我們一直想活卻無法活出的特質。

所以當關係變得更親密時，我們如果不了解自己內在的動力，就很難意識到**我們對自己身邊最親密的人所不滿的，只不過是投射到關係中的自身人格中不同的兩個部分的矛盾態度。**

而所有的不滿，如果我們對此觀察得更為仔細和誠實的話，會發現我們對這個部分的感受是相當複雜的，是「羨慕忌妒恨」的。內在有個部分會說：「家裡亂糟糟的時候，憑什麼你可以視而不見，我就看著心煩，然後強迫自己收拾。我也想偷懶，但是我做不到像你那麼心安理得；我也有自己的需要，但我沒辦法像你那樣肆無忌憚地表達；我也

想隨性而為，但我就是有很多擔心和失控感，做不到你這麼灑脫。」

所以我們對他人有所批判的部分，是因為在內心深處有渴望，因為對方活出了自己一直渴望卻又不敢活出來的部分。

所有的親密關係都是很好的鏡子，無論對方是伴侶、孩子、重要的合作夥伴、親密的朋友……我們看到對方的樣子，可以很精準地反映出我們人格底層的這些又渴望又批判，各種相互矛盾相互拉扯的信念系統。

那些我們對別人的批判，事實上都只是我們對自己的批判，差別只是你自己是否意識到、是否承認。如果你可以真正接納對方是自由的、是可以這樣的，就會發現所有的批判都只不過是頭腦的把戲，是每個人成長過程中所積留下來的信念系統的一種對外反射，都是很個人化的。當然，當事人通常不會認為這是個人化的，因為每個給出批判的人都認為自己代表的就是真理。

而我們給出的所有批判自己會第一個感受到，同時這股批判的能量傳遞出去最後也一定會回到自己身上。

社會人格是我們的養育者的價值觀，以及成長過程中，社會文化的價值觀滲透進個體所構成的信念體系。比如S的信念就是：得到別人的認可很重要，絕對不要給別人添麻煩，不要和別人不一樣。所以她長大後總在渴望得到別人的認同，總在無意識地壓抑和忽略自己的需要去成為別人心中優秀的樣子。

在S內心深處，對「隨心所欲地為自己而活」有著非常大的渴望和嚮往。但是她的社會人格不允許她這麼做，所以當她遇見小唐時，就會被對方身上那種隨心所欲、自由自在的特質所吸引。所以她愛上小唐這樣的男人，是必然會發生的事。而她會討厭小唐這樣的男人也是必然的，只要她一天沒有和自己內在的陰影和解，她就不可能跟這個男人和解。

◆——我們最不喜歡自己的時候，也是最沒有力量的時候

關係是一面很好的鏡子，我們看到對方的樣子，可以很精準地反映出我們人格底層的這些又渴望又批判，各種相互矛盾相互拉扯的信念系統。

F小時候家裡條件不算很好，平時吃的喝的都很節儉。有一次F的奶奶過六十大壽，媽媽做了很多平時吃不到的好菜，F一邊看著一邊不斷吞口水。那一年F不到五歲，看到桌上的雞腿，實在太想吃了，就爬上椅子伸手想拿，在旁邊忙碌的媽媽看到了，提起鍋鏟狠狠地拍下去，她的小手立刻紅腫起來。媽媽罵道：「你懂不懂禮貌，長輩都沒上桌，你怎麼敢隨便拿桌上的菜！你這樣別人會說你沒家教，給我滾下去！」F整個人都愣住了，默默地收回了手。

那一刻，她第一次強烈地意識到不能自己想要什麼就要什麼，滿足自己的需要是不對的。

而在她的成長過程中，無論是母親還是父親，給她最多的耳提面命就是要懂事，不要和別人不一樣。言談舉止要得體，不要做出格的事情，不要給別人添麻煩。她早已把這些外部對自己的教育和影響內化成自己人格的一部分了，所以F長大以後，成為一個乖女孩，特別會察言觀色、善解人意。

但問題就在於，那個想要為自己而活、想要滿足自己需要的部分並不會因為自我說服就消失，這股力量只是被強行壓抑下來，不斷地被批判和否定，被我們的社會人格認為是「不好的」、「自私的」、「不負責任的」。這個部分雖然真實存在，但卻一直沒機會真正被允許自由表達，所以這股力量總試圖找到機會。這也是很多人生活中總會有那麼多矛盾和糾結的部分，就是因為有太多自己的陰影不被接納，兩股力量不斷交戰、拉扯。

每個人內心深處那些不想面對、不想承認、不願接納的部分，就是陰影人格。它們每時每刻都在和社會人格爭戰，令我們的內在不斷自我消耗。

F來到我的工作坊是因為她的婚姻和生活出了很多問題，她總是把自己搞得很累，有時別人請她幫忙，尤其是主管和長輩，即使自己有很多事，心裡不情願，也會答應。沒有力量說不，內心深處總在意如果拒絕別人，別人會怎麼看自己。

雖然她所有的同事和朋友都公認她是「好人」，但她在伴侶和家人面前卻非常情緒化。她發現自己越來越不快樂，總在證明和討好，而且她也覺得自己越來越不喜歡自己。

F雖然對同事和朋友都總是客客氣氣的，幾乎有求必應，但是對家人，尤其是對老公和孩子卻總是缺乏耐心，而且常常是前半段強壓著怒火，好聲好氣的，突然沒有預兆地就爆發了。雖然她知道這樣不好，但根本就停不下來。直到有一天孩子突然對著她大吼：「你就只會兇我，你對所有人都比對我好，你到底是對他們假好還是真心討厭我？」那一刻，F 完全愣住了，最後終於發現她壓抑的情緒爆發的出口就是她的家人。

而所有那些未被滿足的渴望是絕不可能靠個人的意志被真正壓抑下來的，最後這股能量一定會爆發出來，要麼對外，在關係中呈現，要麼對內，在身體上表現出來。

在過去很長一段時間我都是工作狂，我發現我每次休息如果連續超過兩天，就會感到不安，出現惶恐甚至罪惡感，即使我還在休息，還靠在沙發上看美劇，但是心裡那種踏實享受休息的感覺已經消失了。那種隱隱的不安和愧疚會蔓延出來，似乎這樣休息對不起誰，也不知道對不起誰，又好像誰都對不起，對不起團隊，對不起家人，對不起自己，對不起父老鄉親……

所以我總把工作排得很滿，從來都不在意身體發出的警報，直到有一天，剛剛結束一個兩天的課程，我就莫名其妙地嘔吐，那一天從早到晚吐了五六次，當時家人和我自己都嚇壞了。因為我的父親和我外公都是患胃癌去世的（順便說一下，我父親就是一個公認的好人，最後把所有的情緒都壓抑到自己身體裡鬱積成病的），所以我們都有點擔心會不會和這個有關。

到了下午去醫院檢查，還好，胃部沒有任何問題，毛病出在頸椎上，我才知道我有頸椎問題，因為頸椎變形壓迫到神經引發嘔吐。當時醫生嚴肅地看著我說，你年紀輕輕怎麼頸椎問題這麼嚴重，馬上回去好好休息，記住平躺，平躺，哪裡也不要去！

於是我回家休息，在床上躺了幾天，我從沒那麼坦然地躺在那裡什麼也不做只是休息，而且還理直氣壯地指使家人把我想要的吃的喝的拿到床邊，那真是享受啊，毫無愧疚和負擔，因為我是「遵從醫囑」啊。那幾天真是我有史以來休息得最心無罣礙、最過癮、最滿足的一次。

後來我覺察這個過程，為什麼我只能借生病的機會才允許自己可以徹底休息，為什麼我不允許自己在健康的正常狀態下也可以好好休息。我才意識到那是我內心深處的一個人格陰影，我認為這就是「懶」，這是不可以的。我從小到大，即使是已經出社會開始工作，如果睡懶覺，就算是週末，我媽媽也會在旁邊碎念：「你怎麼這麼懶啊」、「年紀輕輕的就只會睡覺」、「你這樣以後有什麼出息」……

即使後來我已經結婚生子，有了自己的家，和父母分開住了，但這個聲音已經內化了，就算只有我一個人，這個聲音也會在頭腦中響起，自我批判。

頸椎出問題之後，我意識到，其實這次疾病完全是我的潛意識自己創造出來的，就是為了能讓我體驗這種完全放鬆休息的渴望。同時我也意識到，這事實上是十分危險的，如果我一直都抗拒這種渴望，並不斷地壓抑和忽視它，那麼未來可能我的潛意識會創造出更大的疾病讓自己「休息」。

所以在那一刻，我就做了一個決定：以後當我真正想休息的時候，就要放下所有的不配得和愧疚不安的感覺，允許自己心無罣礙地徹底地休息。

然而有意思的是，當我做到可以徹底享受休息時，由於休息的品質更高，我真正需要的休息時間反倒變得更少，而且重新進入工作狀態時，效率也更高。因為徹底自我滿足了，所以不會在工作時想著休息，而更容易享受工作本身，也更容易拿到成果。

愛是提升力量最好的途徑，尤其是對自己的愛

所有的「必須友善」、「必須勤奮」一旦變成一種「應該」，就會變成強迫和壓抑，即使是那些看上去很正確、很好的「應該」，只要一變成強迫，那麼原本好的就會變成壞的。所以艾克哈特（Eckhart Tolle）在他的《一個新世界：喚醒內在的力量》（*A New Earth: Awakening to Your Life's Purpose*）裡說：「地獄之路是好的意圖鋪就的。」

任何時候，一旦強迫自己或他人只能做那些「好的」選擇，那麼這個「好習慣」、「好品格」就會變成一種牢籠，因為如果只能做一種選擇，那就意味著沒有選擇，沒有選擇就沒有自由，沒有自由就意味著所有的現有選擇都建立在自我壓抑、自我犧牲上。它並

不是發自內心的遵循自由意志的選擇，而是被迫履行某些社會規條或他人的期待，所以不得不做的一件事。這個「好」，原本的意義就消失了，變成了一種負擔和道德綁架。

對自己的愛，從自我接納開始

「分享」、「負責任」、「幫助別人」，所有這些品質只有在允許自己可以「不分享」、「不幫助他人」、「不負責任」的前提下才有其真正的意義。

道德規範終究只是愛和善的替代品，永遠不可能變成真正的愛和善。例如，社會規範要求人們「孝順父母」，要求兒女們常回家看看，但真正的愛是不需要任何要求或強迫的。如果你有孩子，你應該記得抱著那個小寶寶時的情景，你看著他的眼睛，他也看著你的眼睛，你們凝望著對方，那一刻你能感覺到這個小生命對你的愛。然而他不會背《弟子規》也不知道任何道德規範，他只是單純地無條件地想要愛你，選擇愛你。

如果你需要借助某種約束或規範才能迫使對方愛你，那麼你要自己先反省一下，為什麼你會讓自己與他的關係走到如此境地。如果你是那個被約束的一方，也要去看看，你在恐懼什麼、抓取什麼，以致於允許對方有籌碼可以控制你。

最大的自由，才有最大的成長，同時才能使用出最大的力量。如果只是遵守道德規則，那不是成長，只是服從。

很多人擔心，如果我什麼都接納，如果我對孩子或身邊的人這麼做，他們會不會就放縱自己，從此墮落下去了。

這些人在問這個問題時都有一個假設，他們認為人性本惡，只要有機會就會作惡墮落。他們不了解的是，所有的生命都有一個共同的原始動力——進化。進化的方向就是更好、更有力量、更有愛、更美。這是所有的生物共同的目標，不是以某個人的意願為轉移的。

在人類出現之前，這股力量已經創造出了無法計數的生命形式，創造出整個浩瀚的宇宙，從某個層面說，也是這股力量推動了整個人類文明的發展。我們只是需要更去臣服於這股力量，**不要用個人的視角去控制你所在意的人成長的節奏**。

人類是地球上最為複雜和精緻的生物，這個部分的原始動力更為強烈。人們並不需要一個充滿擔憂和焦慮的父母或老闆、伴侶來告訴他：你應該變得更好。

在沒有懲罰和苛責的前提下，依然願意去做、願意付出，那時候的付出才是真正有力量的。因為那不是某種交換，而是源於自己本心的選擇，這時一切都變得更為輕鬆，而且更容易實現。那是一種更為自然的能量流動、順勢的狀態。

就像我自己的經歷。當我真正可以接納自己的休息狀態時，我就可以允許自己心無罣礙地休息，而沒有那種一邊休息一邊還惶恐不安的感覺，休息後也會有更多的熱情和創造力。

而且所有成就很高的人，無論是優秀的企業家，還是名校的高才生，如果你去觀察他們，會發現他們都是非常重視休息的人。而且他們的工作勤奮和高效率，絕不是自我強迫出來的，而是根本停不下來！還記得我之前提到過的嗎？生命原始的目標就是進化，還有創造，當所有壓抑和強迫的人為糾結的力量都消除之後，源頭那股想要創造的動力就沒有阻礙地自然顯現了。

哪怕是幫助他人也是如此，當你真正有幫助他人的力量時，你必須先接納可以拒絕幫助他人的自己，否則即使你真心地幫助他人，你也無法享受到這其中的快樂。因為那只是你基於要證明自己的「好人」形象而無法停止的自我強迫而已。

如果這不是你的第一本自我成長的書，或者你曾經去上過一些課程，你會看到很多自己過去沒有覺察到的問題模式。然而，這本書的出現就是要提醒你，不要因為這樣就進入自我攻擊的模式，要學習帶著自我肯定的心態去自我反省。

而更重要的是，所有的改變都是需要力量的，愛是提升力量最好的途徑，尤其是對自己的愛。這份愛便是從自我接納開始，甚至當你感覺到自己有不接納時，消除這份不接納的最好方式就是，先接納自己的不接納。

◆當你不害怕失去時你才能真正得到

能夠真正接納的人，內心必定是強大和自由的。

生命中有很多這種悖論，當你不害怕失去時你才能真正得到；當你不害怕失敗時，你才可以真正成功；當你可以接納自己的陰影，你才可以真正轉變它。

去觀察你過去的信念系統中自我苛責的部分，不再懊惱自己過去所犯的錯誤，不再執著地認為那樣的自己是壞的、不好的，而是重新去審視定義它們。而且在我們的陰影裡是有各種各樣的資源的，學會看到並尊重利用這份資源，也是很重要的一種自愛的能力。

因為想要未來變得更好而否認現在是完全沒有必要的。永遠要記住，現在的你就是最好的，下個階段的你將會更好。

不同陰影的價值和天賦：

- **拖延模式的隱藏天賦**

是和潛意識的某種敏銳的連接，拖延通常表達內心的抗拒，代表有些內心深處的渴望一直被壓抑，沒有真正被看到、被尊重以及被滿足。

- **討好模式的隱藏天賦**

連接力很強，對他人的感受和需求非常敏感。

- **指責模式的隱藏天賦**

有力量，邊界感很強。善於修正和看到進步的方向。

・自卑模式的隱藏天賦

內在有巨大的潛力沒有被開啟，提醒你自己需要更多的自我接納。善於看到他人優勢的天賦。

・軟弱模式的隱藏天賦

足夠柔軟和靈活，善良，想保護別人。

・倔強模式的隱藏天賦

足夠獨立，有力量，而且敢於對結果負責。對認定的東西深信不疑。

還有很多其他的，等著你自己去尋找價值和答案。

幫你改掉壞習慣的接納練習

做這個練習之前，請找一個不會被打擾的空間，以及準備二十分鐘左右的時間，盡可能把這個練習做得深入一些。

寫出幾個自己不太喜歡自己的特質，或者覺得需要改變的特質。

比如：拖延、懶散、自卑、固執、沒力量……

用左手感知那個你不喜歡的特質在自己身體的哪個部位，並接觸它。

例如，你不喜歡自己的拖延，你感覺你的拖延在胃部，就用手掌觸碰這個部分，閉上眼睛，深深地呼吸三次，讓整個意識都和這個部分連接。

然後對自己的「拖延」說：

嗨，我看到你了，我看到我的拖延了。

我確實有時候會拖延，有時候不拖延。

即使我有拖延的部分，也不妨礙我愛這樣的自己。

我可以有這個部分，那又如何？那並不妨礙我成為一個更好的人。

至少重複三次，直到你感覺你的內在對這個部分有了足夠的接納。
然後再用同樣的句型來處理其他自己不喜歡的特質。

Chapter 3

明白你是誰，你想要什麼

◆你是在為你的角色服務，
還是讓你的角色來服務你的生命，
這是個很重要的選擇。

內心越不穩定，越期待環境穩定

當內在的力量不夠穩定的時候，你就會期望環境夠穩定，希望不要被干擾，而你能量越低，你就越容易被干擾。所以，一個真正覺醒的人，並不會期待身邊的人也必須是覺醒的。

◆——內在力量不夠，令我們跌入環境失控的循環

很多人常說：我這個人脾氣蠻好的，除非別人惹我生氣。

而你是不可能以一種混亂動盪的狀態去扭轉事態發展方向的，這種狀態只會強化現有的問題。

如果你想要升級你的生活，必定要開始一些冒險，你需要進入一些全新的場景，做一些過去沒有做過的事情，把你的生活打開，那些新的可能性才有機會進來。

對於很多人來說這都是很困難的，因為每一次進入未知的嘗試都會伴隨不確定感，這種不確定感也是一些內心不穩定的人極力避免的，因為太沒有安全感所以非常害怕改變，而害怕改變會讓能量更為萎縮，內心越無力就越渴望環境能夠穩定，進而覺得需要不斷地控制，以確保這種穩定。

然而這種低能量狀態下的干預，反倒會把事情推向更為惡化的方向，使生活進入一個惡性的、封閉的循環狀態。

讓我們來進入一個很多家庭都很常見的場景：

一天，你老公買了水彩顏料送給孩子。孩子很開心地接過

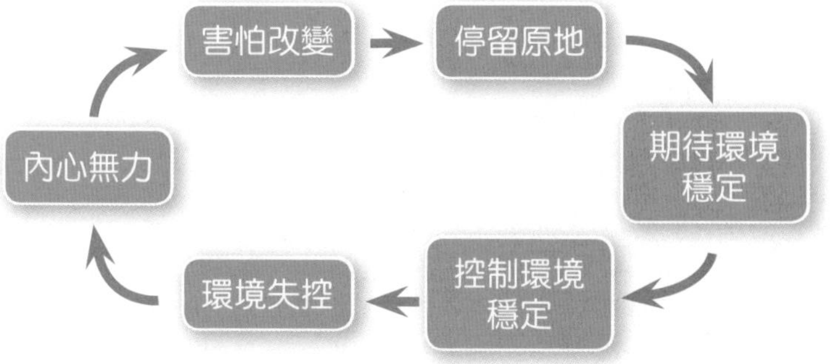

來，立刻跑去畫畫了。這一刻，你不會覺得有任何問題。因為到目前為止，一切事情的發展都在你的期待中。

接下來，孩子畫畫的過程中，不小心把顏料弄到桌子上和衣服上了，因為孩子第一次使用水彩顏料所以掌握不好，搞砸了自己的畫，急得大哭，哭泣聲簡直震耳欲聾，打破了家中的寧靜。

你去勸孩子，希望他的哭聲能停止，讓你的空間盡快回歸寧靜，你好言好語地勸他，可是他完全不聽，你的耐心值已經趨近零，但依然耐著性子哄著孩子，可是怎麼勸都沒有用。

如果你的能量不夠穩定，很快就會被影響，你會開始變得煩躁和惱怒。但你毫無覺知，因為你已經被煩躁和惱怒填滿了，沒有多餘的注意力去自我覺察了。

終於到了某個臨界點，你爆發了，開始大聲責備孩子，而孩子哭得更厲害了。你越來越煩躁，如果你還沒有覺察並調整自己的狀態，這股壞情緒會繼續蔓延。

接著你會遷怒於其他人。比如埋怨丈夫：為什麼買這些給孩子，這不是沒事找事做嗎？做事情都不先好好想想。

而你的先生被指責了，他也會覺得很委屈很憤怒。

然後他可能會回擊，你們大吵一架，也可能因為這種橋段上演得太多，所以他不想再吵了，而是強壓著憤怒沉默下來，但對你們的關係造成的破壞已經發生了。

你看，整個過程就是這樣。

當內在的力量感不夠時，一點小事就會逐步升級，最後演變成一場災難。對於歸因能力很弱的人來說，會覺得這場災難都是那個水彩顏料惹的禍，如果沒有這個顏料就什麼事都沒有了。

可是他們不明白的是，這跟水彩顏料一點關係都沒有，只是因為自己能夠平靜應對事情的能力太差。

這讓我想起一些製作精良但劇情粗糙的電視劇，通常反派女配角得不到意中人的垂青，就會惡狠狠地說，都是那個×××（女主角）出現，要不是她，我和我的意中人早就在一起了。

雖然這些反面角色塑造得簡單粗暴，智商情商都很令人驚訝，但確實也有不少現實基礎，因為很多人的歸因能力大概都是這個水準。

事實上有沒有那個人都會是這樣，因為你就是這樣的，不是那個人也會是別人，只要你還是這樣的你，情況就不會有多少改變。

我們會以自己當下的能量狀態和所處的認知水準來把事情歸因到某個點。

◆——批判是削弱內在力量最有效的方式

剛上大學的時候，有一次放假回家了，和媽媽一起出門買東西，回家時我們把全身上下找了一遍，都找不到鑰匙。

雖然很不情願，但只好被迫接受了這個現實，我們都忘記帶鑰匙了，導致進不了家門。而我爸那時出差，也沒辦法回來救我們。沒辦法，只好打電話叫鎖匠過來開鎖。

那時沒有智慧型手機，更沒有社群網站。所以我沒什麼事可做，唯一可以做的就是聽著我媽的一陣陣數落。

媽媽沒好氣地一直在說，要你把鑰匙帶著你總是忘記，你根本是把家當旅館，一點責任心都沒有……

我很不開心，不停地辯解甚至反擊，我越解釋我媽越生氣，數落得更厲害。

我：這又不是我的錯。

媽媽：那是誰的錯呢？難道是我的錯嗎？

我：為什麼一定要有個人有錯呢？

媽媽：沒錯的話，我們在外面站這麼久，還要浪費錢找人開鎖，這不是錯是什麼？

那個時候我智慧不夠，還理不清這其中的緣由，雖然覺得很不對勁，但也無法反駁我媽媽，現在才意識到這意味著什麼。

心靈導師艾克哈特說，所有的痛苦都來自對當下的批判。**當我們力量不夠時，就會希望「意外」不要發生，因為沒有足夠的力量來面對，所以就會變成對當下發生的事情的抗拒，認為那「不應該發生」，那麼自然就會覺得這是個錯誤。**

只要你認為這是個「錯誤」，那麼你必然需要找到一個對象來承擔這個錯誤。要麼就是對內攻擊，要麼就對外攻擊。

能量低的時候就是內在的低能量情緒比較活躍的時候，例如：煩躁、焦慮、惱怒、焦急、愧疚、自責……

因為這種內在越不穩定就需要外部越穩定，所以會對生活中的環境、事、人有很多要求，這些人事物的發展只要稍有點偏離內在的期待，就會引發負面的情緒。

小到一次塞車、孩子哭泣，大到流失大客戶、資金短缺、婚姻中有人出軌、生病等，因為內在沒有足夠的力量能夠承載這些期待之外的事情發生，覺得自己簡直就是個失敗者。

為了掩飾這種無力感和挫敗感，我們就會為它找個代罪羔羊，於是，你抱怨的對象就出現了。

可能是一個具體的人，你爸你媽、你的伴侶、你的孩子、你的老闆、你的同事，或某一件事（不管這是你的事還是別人的事）、某些現象——這種向外歸因的辦法會看起來更客觀，所以似乎抱怨得很合理，例如批評這個國家，政府、教育體制、交通問題、司法制度、經濟環境，等等，通常男性這麼做的比例會更高一些。

但抱怨就是抱怨，抗拒就是抗拒，不會因為你找的「代罪羔羊」更宏觀和抽象，這種抗拒當下和內心不穩定的情形就會消失。

如果你身邊的人也有這種歸因的思考路徑，你們就正好一拍即合，彼此強化這種信念，以及強化它所帶來的無力感和受害感，那麼這種模式就變得更不容易被察覺了。

而當你能量越高時，內在的力量就越強大平穩。那如何讓自己的能量保持平穩並不斷提升呢？我們先來看看我們都是如何削弱自己的能量的吧！

批判是最有效的削弱內在力量的方式。批判的能量就是攻擊的能量。想想你每天有大量的能量用在攻擊上，同時內在還要生成防禦性能量——自我辯解或自我隔離，那麼你的能量不低才怪。無論這份批判是對自己的還是對他人的，本質上其實並沒有什麼差別，因為當你在批判時，已經有了相應的感受。

◆——批判別人和批判自己，本質上沒有差別

為了清楚說明為什麼批判別人跟批判自己沒有差別，我講一個自己的經驗。

幾年前一個週末，我正在舉辦工作坊活動，通常我們的實體課程都是在飯店舉辦，

那天中午課程結束之後我們到飯店餐廳用餐。

到了餐廳後發現座無虛席，原來那裡有一場婚禮正在舉行，我需要穿過整個婚禮賓客用餐的區域走到最裡面的位置。

在行走的過程中，我聽到婚禮主持人字正腔圓、激情澎湃地講著串場詞，而台下的賓客都在忙著對付桌上的雞鴨魚肉，幾乎沒有人抬頭聽他講話。

看到這個場景，我心裡閃過一個念頭：「講得這麼賣力，可是連幾個抬頭聽他講話的人都沒有，這種工作真的是好沒意思。」

但很快，我感知到當這個念頭出現的時候，我的能量就降低了一點，很輕微，但我覺察到了。

我意識到，這裡面有優越感出現了。因為我認為我的工作更有意義，我講話的時候，我的學員都會很專注地聽。

但這種優越感並不是真正的力量感，這種力量感是虛假而脆弱的，如果我認同這個批判，那麼只要我的課程上出現學員恍神或者打電話、玩手機或離開現場，就會帶走我的力量。

於是就在那幾秒鐘，我馬上放下我的批判念頭，並重新擴充關於「講話必須有人認真聽才有價值」的信念，我看著那個婚禮主持人，重新給出祝福和欣賞，心想：「如果可以不在意別人有沒有認真聽，而只是自己純然地享受和投入，這本身就是很棒的。」很快我能感覺到我的能量上升了，由於對主持人的肯定，我自己也獲得了愉快的心情。這整個過程很快，當我做完內在的轉化動作時，我還沒有走完那個十幾公尺的走道。

但就在這短短的幾秒鐘，我清晰地感受到持有對別人的批判和放下批判對自己能量的影響。

無論是前面孩子畫畫大哭的故事，還是我和我媽被鎖在門外的故事，其實只要放下評判就會停止對當前正在發生的事件的抗拒。

在這裡教大家一個放下抗拒、給出接納的句式——「×××是可以的」，比如：

- 孩子哭是可以的，哭久一點也是可以的。
- 我因為孩子的哭泣而變得煩躁也是可以的。
- 孩子是可以有煩躁情緒的，他也是可以表達自己情緒的。
- 老公做一件想讓孩子開心的事情，沒有預料到後面的可能性也是完全可以的。

如果你能在事件發生的時候，及時覺知自己的情緒，並能看到自己對於當下那個事件或人（包括自己）的批判，馬上轉化信念，放下這個批判，你會發現，你的內心會更加穩定，不容易被一些事件勾出壞情緒。

先從小事開始練習，不要一開始就不知死活地去挑戰那些會引發你強烈情緒的對象，避免自己感受到強烈的「臣妾做不到啊」的無力感，因為接納是需要內在相應的力量感和高能量狀態做支撐的。

如果碰到實在接納不了的情況，就先接納自己的不接納，給自己一點耐心是非常重要的。

在這個過程中，不斷地在各種小的情境中練習，讓自己覺察的速度和深度都能不斷提升，積蓄力量，很快你會發現，你內在的力量感就會來到一個新境界。到那時，也許你就有機會去挑戰你生命中那些核心主題了。

你在服務你的角色，還是讓角色服務你？

人們常常會犯這樣的錯誤：允許自己的創造物來控制自己，把自己的創造物當做自己的一部分，甚至不惜消耗自己的生命來供養自己的創造物。「房奴」、「孩奴」這些詞很精確地表達了人們和他們的創造物之間的關係。

我曾經問過我的學員，你說你是你母親的兒子，如果你的母親離開你去了很遠的地方或者去世了呢，你關係中的客體消失了，你的角色被拿掉了，那麼你是誰呢？你生命的意義在哪裡？

許多人無法回答這個問題，甚至無法接受這種假設，雖然在理性層面他們明白這一天遲早會發生，但是卻拒絕面對。

許多人一輩子都在為一個角色而活，他們甚至忘記了還有自我這回事。在我們父母或者祖父母那一代這種觀念更是非常嚴重的，你發現在那些近代中國歷史背景的影視作品中會有這樣的臺詞：「我生是×家的人，死是×家的鬼。」而生於二十世紀四、五〇年代的人也會聽到很多這樣的宣傳口號：「我是一顆螺絲釘。」所有的這些信念體系都在告訴人們，你的個人需要和個體意志不重要，你是誰你是什麼人也不重要，關鍵是你能為你所在的組織或系統做什麼。

而**當一個人強迫自己必須「為他人著想」、「為自己所在的體制著想」時，也會強迫別人必須「為他人著想」**，結果每個人都不敢為自己想，出於責任和義務去為別人著想，必須壓抑著渴望活出自己的這股原始的生命力，就會變得非常地分裂糾結。也在這個過程中，遺忘了自己。

有時候我會在課程中問這個問題，「你是誰？」通常我得到的答案是某種關係中的角色，「我是一個七歲男孩兒的媽媽」、「我是一個公司老闆」、「我是一個老師」、「我是一個創意人」。每一種角色認同都是處在某種關係中的一端，你的身分是主體，那麼關係中相對應的另一方就是客體，如果你的角色認同是媽媽，對應的客體就是孩子，企業老闆對應的就是你的公司，依此類推，這個應該不難理解。

當你來到一個陌生的地方介紹自己時，或者當「你是誰？」這個問題在你的腦子裡閃現時，你可以觀察一下，如果你說出的答案是一個角色的話，那麼這是個什麼角色？這個角色就是在目前你投入注意力最多的角色認同。

你越在意的角色認同，你也會對相應的客體抱有很高的期待，並且會很在意在這個角色上是否取得被他人認可的成就。

以「媽媽」這個身分為例，當你只是把自己看作是「一個七歲男孩的媽媽」時，你所有的思考方式和觀察世界的視角都變得非常單一了，你會在絕大多數時候都站在「媽媽」這個角色的角度來思考問題，做的一切事情都以孩子為中心考量，例如要出去旅行，就會優先考慮適合孩子的地方，孩子喜歡玩什麼，那個地方的食物孩子喜歡吃嗎等等。

當然，不僅僅是「媽媽」這個角色，所有的角色都是如此。某企業老闆、某人的兒子、某人的太太、某局長、某知名影星……當一個人日復一日，年復一年，長年累月地這樣在某個角色中思考和行動，就會慢慢地把自己的本體丟掉，逐漸失去自己，只剩這個角色了。

生活中有很多這樣的人，當他們認同自己的某個角色時會完全失去平衡，他們把所有關於自我的形象都投射在那個角色上，完全忽略了本體的價值，把所有價值感的來源都寄託在所扮演的角色上。

比如認同「媽媽」這個角色的人，如果她身邊有人對她說「你是怎麼做媽媽的？」、「哪有像你這樣的母親」，她就會感到非常挫敗和痛苦，甚至覺得自己的整個價值都被否認了。她會要求自己成為一個標準意義上的好媽媽，如果自己出去旅行或出差幾天沒陪孩子，就會有深深的內疚感和自責。如果自我遺失得更厲害，會更容易在大大小小的事情上引發自責，如孩子病了、瘦了、成績下降了、不開心了、孩子沒有玩伴了等等都會使她產生焦慮，繼而引發自責情緒。

哪怕被否認的不是你，是你角色關係中的客體，都會讓你的心情受到嚴重影響。

假設在帶孩子去遊樂場玩的時候，你的孩子和另一個孩子發生了衝突，那個孩子哭了起來，你過去準備處理時，聽到旁邊有人議論你的孩子說「這個孩子好霸道啊！」、「這孩子家教有點問題」，如果你有所覺察，你會意識到自己的心情馬上被影響，尷尬、憤怒、想要辯解等感覺很快湧上來，也許需要幾十分鐘甚至幾個小時或更久的時間才能完全恢復平和自在的狀態。當然，這還只是個陌生人的批評，如果是關係更親近或者更重要的人，例如老師、親戚、父母，對你所造成的影響會嚴重很多，持續的時間也會更長。

◆——找到自我與角色的平衡

當我們對自我本體的關注和對角色的關注嚴重失衡時。你的行為方式、思考方式、關注的重點都會圍繞著你的客體。

這個時候，你也和角色中的客體共生了，如果你忘記了你不只是那個角色，同時還是你自己，那麼你也會很自然地忘記了客體也不僅僅是他的角色，更是他自己。

只不過每個人期待的回報方式的標準各有不同。有些媽媽希望的回報是孩子的學習成績好，有些希望孩子聽話，有些希望孩子性格積極樂觀，每個人在潛意識中對自我社會形象的渴望會決定這個標準。你認同角色的程度越深，對客體期待的程度也就越大，因此也就越容易在這個關係中患得患失，這就是你會發現喪失自我越多的人就越容易在他的關係中感受到疲憊和失望的原因。

我見過很多父母，孩子考了高分，孩子都蠻坦然淡定的，結果父母比孩子還興奮，孩子成績下降了，父母沮喪得都吃不下飯了。

越是把客體當做自己全部的人，和客體的關係問題也越嚴重。因為越無法在一段關係中做到獨立，會越失去自己生命的重心，於是把這個重心壓到對方身上，對對方有非常多的要求和期待。例如期待對方永遠保持開心快樂，如果對方表現出低落沮喪就會非常焦慮，並且過度介入；又或者期待對方要擁有健康，如果對方有些可能影響健康的生活習慣，例如抽菸、熬夜、挑食……會過度緊張擔心，並且用些過激的方式去控管對方。

因為我們已經喪失了靠自己獲得開心、快樂的能力，所有的幸福感都建立在對方身上，所以對方的生活不能出現任何讓我們感到不安的元素，如果有，就一定要消滅它。

這是一種非常危險的關係，因為這注定讓我們給出的愛會充滿控制和壓力，沒有人喜歡把別人的人生壓在自己身上，哪怕這個人是自己最愛的人。

而且一個把自己都給弄丟了，不會愛自己的人，怎麼懂得真正愛別人呢？

很多時候我們說，解決問題的方法就是「接納」和「放下」，但是為什麼對很多人來說「放下」那麼難？因為他們在過度認同角色的過程中遺失了自己的本體，這種代價比金錢和時間的價值更大，已經付出那麼大代價就會更難停下來，就像沉沒資本越多，想停損收手就越難。既然我什麼都沒了，只有這個了，那我必須要在這裡翻盤。

所以很多在婚姻中迷失自我的人，發現伴侶出軌，婚姻已經脆弱不堪，內心的第一個念頭不是「我要如何做可以找回我的幸福」，而是「我死也不會離婚的，拖死你，你讓我不好過，我也不讓你好過」。就像一個輸紅了眼的賭徒，早已忘記了最初只不過是想找點樂趣才上桌玩一玩，可能最初贏了幾把，結果越陷越深，最後把自己整個人生給搭進去了。

對自己的本體遺忘得越多，就越容易過度沉浸在角色之中，患得患失變得執著，而執著會讓我們充滿恐懼和無力。一旦你執著於某樣東西，你就必須要背著它，看著它。當獄卒需要一天二十四小時守著囚犯時，其實早已沒有真正的獄卒了，因為他已經變成了囚禁自己的囚犯。你的囚犯一天得不到自由，你也同樣無法自由。

還是要強調一下，我在這裡說的不僅僅是「媽媽」或「丈夫、妻子」這些角色，我說的是所有那些你執著的角色，無論那是什麼。

你是在為你的角色服務，還是讓你的角色來服務你的生命?這是個很重要的選擇。

最後我們就可以在學會愛人和自愛之間，在給予愛和感受愛之間，在角色和自我之間找到那個重要的平衡點。

不要被你的創造物挾持

我有一個朋友大剛，一百八的身高，壯實的身形。他是律師，而且是投資銀行的律師，出入大都市最高級的辦公大樓，工作非常非常忙，是個稱職的高富帥和工作狂。前不久聽說他在外地出差時突然心肌梗塞，情況十分危急，當時立刻被送到醫院搶救，做手術，放了支架，住了幾個星期的院，才逐漸恢復。算是從鬼門關裡走了一回，發病到送醫院的整個過程只有他的一個客戶一直陪著他。我知道時已經是第二天的凌晨了，想著身在異鄉的大剛這麼年輕，從此以後就要藥不離身了。

後來去找他，他剛出院不久，幾個朋友約了他一起聚聚。在咖啡廳，他一直都在敲打著筆電寫郵件收郵件，在一起的幾個小時，除了吃飯都沒多少時間抬起頭看看我們，和我們好好說幾句話。我有些意外，原本以為歷經這樣事關生死的大事會讓他注意到一些比工作更為重要的東西，比如家人，比如朋友，比如每一個當下。但情況似乎並非如此，我問他，這件事帶給你最大的改變是什麼，大剛說，不要再熬夜了，以後身體哪裡不舒服要重視。

我心裡有點失望，就這些而已嗎？但還是不死心地繼續問，你有沒有想過減少些工作，去做些別的事情，那些一直想去做而沒有做的事情？不是那些你認為應該做的，而是真心喜歡的事情？

大剛看著我，笑笑說，工作哪是想停就停下來的，人都有些迫不得已的時候。

可是，生命中哪有那麼多迫不得已和被逼無奈。無論何時我們都有第二個選項，只是我們都被自己的慣性思維困在世界的框架中，做在那個層次和境界認為的最高價值的選擇而已。

如果沒有成功，你的歸依之處在哪裡？

凱文·凱利在他的著作《必然：掌握形塑未來30年的12科技大趨力》（*The Inevitable: understanding the 12 technological forces that will shape our future.*）中說道：如果你拒絕進行不斷的小升級，那麼累積起來的變化最終會變成一項巨大的更新，大到足以帶來「創傷」級別的干擾。

這種「創傷」級別的干擾有可能是身體健康的報警、一次疾病、關係危機、金錢方面的重大問題等等。

當你像圍著磨盤的驢子不斷地忙碌而忽略了自己，忘記了自己真正的樣子，最後你辛苦忙碌出來的創造物可能就是把你拉入深淵的東西。

梭羅說：「忙碌不足以為人，螻蟻也很忙。問題是你在忙什麼呢？」

那些我們自己創造出來的東西，原本是來服務我們的，但一旦我們開始依賴它甚至沉迷於它時，你的創造物就會把你毀滅掉。比如金錢，比如某個頭銜，比如好身材，比如卓越的鋼琴技巧。失去它你會覺得無所適從，你會茫然，你會覺得自己沒有歸依之處了。

更重要的是，當你自己不完整時，即使你仍然擁有你的優秀，你卻無法享受它，你會非常疲憊、緊張，害怕被取代，提防更優秀的人出現，需要隨時隨地鞭策自己加快腳步。顯然對於很多像大剛這樣的人來說，保持優秀已經變成一種強迫性重複。

如果沒有優秀沒有成功，那自己還是有價值的嗎？如果剝離了你的頭銜你的項目，那你的歸依之處在哪裡？

電影《穿著Prada的惡魔》裡，安迪得到了所有女孩都夢寐以求的《Runway》時尚雜誌知名編輯米蘭達的私人助理工作，她每天疲於奔命應付老闆交辦給她的各種工作，種類豐富得超乎想像，買咖啡、掛大衣這些基本項目根本不足為提，遛狗也是入門級的，還要二十四小時隨時保持待命狀態，暴風雨裡滿世界打電話為老闆找一架能回家的飛機，幫老闆雙胞胎女兒弄到未出版的最新《哈利波特》手稿。她錯過了男友的生日、好朋友的聚會、和爸爸的團聚……她為了工作錯過了很多很多。

在《Runway》的前輩看到在電話裡跟男友爭執垂頭喪氣地掛了電話的安迪說，如果你的個人生活出現問題，那麼很好，說明你的工作進入正軌了。如果你的個人生活全毀了，恭喜你，說明你要升職了。

有一次安迪看到她的老闆一個人枯坐在偌大的房間裡，臉上是從未被外人目睹的憔悴，她得知米蘭達的丈夫剛剛提出了離婚，而且這是她的第二次婚姻了。我想因為這個場景才有了最後安迪和米蘭達的對話。

在車裡，安迪說，我不想做那個選擇。

「你想過的生活，這些選擇是必需的。」

「但如果這不是我想要的呢？我是說，如果我不想要過你這樣的生活呢？」

「別傻了，安迪，每一個人都想過這種生活。每個人都想像我們一樣。」

這時車到了，米蘭達戴上墨鏡，對著車外蜂擁而至的媒體露出熟練的微笑。而安迪，看了看被眾人圍繞的米蘭達，轉身離開了。這一刻所有人都能看到她輕快的步伐和臉上輕鬆愉悅的微笑。

我前面講過我過去只有生病才允許自己休息的那個階段，我也在要求自己達到「別人都想過的生活」。

當優秀成為一種強迫症時，很多人就變成了工作的奴隸，鞭策自己不停地工作，不允許自己停下來，必須要透過疾病或者意外才能讓自己安心地休息幾天。

當我突破這個限制之後，對自己的愛和價值感越來越多，在那之後的這幾年我再也沒有生過病，因為我知道我不再需要利用疾病才「有資格」得到我想要的東西了，我也不再像強迫症一樣無法停下工作了。我開始有力量去找尋自己內心真正想要的生活。

當你沒有活出真正的自我時，才需要透過優秀來證明自己，但當你為了證明而努力時，無論是擁有你所創造的成果，還是正在失去它，你都不可能真正地開心。這對於你的生命來說是很可惜的，你的靈魂來到這個世界上是為了體驗開心、幸福，享受生命而來的，而不是為了疲憊和受苦的。需要很辛苦才能得到我們想要的生活，並不是這個世界的真理。

◆ 所有你的創造物都只是階段性地陪伴你

記得以前我女兒問我為什麼我們家有錢可以買東西，我跟女兒說，可以有錢買你想要的玩具或者帶你出去旅行，是因為媽咪非常努力地工作所以才賺到足夠的錢。

但當我不斷突破我自己的限制之後，最近她又再次問我類似的問題，我給她的答案是，我們家有錢是因為媽咪很喜歡並且很享受自己的工作，所以我就能很輕鬆地賺到很多錢。

優秀和成功不是你辛苦追求而來的，而是你享受每一個當下，然後自然發生的。

有一部電影叫《命運好好玩》，男主角急著加薪升職，覺得陪孩子開家長會、家庭聚餐、生病、塞車這些事都很浪費時間，於是不停地按快轉鍵，於是他錯過了無數次的吵架、遛狗、塞車、生病、家長會，無數次那些「無聊」的對話……終於他成了公司的最高負責人，功成名就，但卻和家人疏離，和已經長大的孩子生疏，他永遠地錯過了那些和家人相處的時光。

在一些古文化中，一週的第七天被叫做「安息日」，這一天要留給生活中那些最重要但又常常遭到忽略的部分，比如和自己的心連接，去感受自己的身體等等。

不管別人懂不懂你每週都應該找時間放空，滋養自己，這麼做是為了你自己，你值得對自己這麼費心。

優秀是你的優秀，成功也是你的成功。在所有這些之前，請記得，你自己才是最重要的，不要為了這些，把自己給弄丟了！

事實上那些角色只是我們的創造物，認同角色本身並沒有問題，問題是過度認同，而在這過程中失去本體。

你依然可以享受成為一個母親、一個丈夫、一個企業創始人、偉大的藝術家……我們來到地球上必須要體驗一些角色，這既是我們的機會也是媒介。因為一切皆由這段關係的現狀來體驗，同時拿到一些回饋，來提醒你來到了哪個階段，你的天賦是什麼、恐懼是什麼、限制是什麼、盲點是什麼。

你只是借由你的創造物和創造的過程來體驗你自己。你可以創造出任何角色並去體驗它，你擁有那些角色，但你並不是那些角色。比如我有一個身分是身心靈導師，後來我創辦了一家公司，我又多了企業家這個身分，後來我開始寫書，於是我又多了身心靈作家這個身分。也許有一天我會成為一個旅行者或是畫家這些身分，只要那是我真的想要的，我都可以創造出來。你可以擁有很多個身分，只要你本體的光輝沒有被蒙蔽，你可以創造出各種你想體驗的身分的類型和深度。

只有你的本體是永恆的，所有你的創造物都只是階段性地陪伴你，總有一天它們都會離開，或早或晚，差別只是你有意識地選擇離開或是潛意識的力量帶你離開。如果那個角色中的體驗可以讓你更好地擴充你自己並享受它，讓你體驗到自己的偉大、力量、智慧和愛你就可以繼續，如果那個角色不再能滿足這些了，你就可以不再那麼認同它。

如果有一天我不享受寫書了，我就可以停下來，作家這個身分就不再陪伴我了，如果我不想再體驗企業家這個身分了，我可能就會把公司賣掉。但我卻很清楚，即使拿掉這些身分，也依然絲毫不會貶損我的價值。

最後，你發現無論是創造，享受，體驗，放下，拿起，離開……通通都是可以的，你才是一切的源頭。

看不清自己想要什麼，就會變得軟弱無力

很多人生命的最大問題是不知道自己要什麼。

當你在角色中過度認同，很直接的損失就是失去自我。而失去自我就是會對自己的真正想要的東西一片模糊。一直以來都以別人的期待為座標，看不清自己想要什麼，就會變得軟弱無力。

這就好像你開著一部世界頂級的跑車，擁有超過一千的巨大馬力，但是你卻開進了一片濃密的迷霧，你根本看不清五公尺以外的地方，結果即使擁有強大的力量，這部車也不可能開得多快，而是小心翼翼地緩慢地前行，所有的力量都用不出來。

◆—— 力量來自於為自己的感受和選擇負全責

一次在課堂上，有個學員 C 舉手，「周梵老師，我現在不是很開心，我覺得我這麼不開心都是因為我老公當初逼我。」

然後她跟我講了她的故事。她和她先生結婚不久之後，她因為工作去了外地，當時做的是翻譯工作，是屬於某種特殊領域的翻譯。C 在這份工作中如魚得水，很受公司重視，也很有成就感。但那幾年，她的先生一直希望她回來和他在同一個城市工作，C 非常不捨得離開這份工作。直到後來先生下了最後通牒，如果不回去就離婚。C 通盤考慮了很久，覺得還是家庭更重要，就辭掉工作回去了。回去沒多久就懷孕了，然後在家待產，帶孩子，孩子上幼稚園之後才又去工作。

但等 C 再回到職場時，發現自己所在的城市想找到完全同類型的工作機會是非常難的，她只好說服自己降低一些標準。之後在工作中也遇到很多煩心的事情，有的時候遇到不順心的事，回家希望先生能給點關心和理解，他要是表現得不那麼在意或者安慰不到重點，C 就會很失望，心裡生出很多埋怨，覺得他什麼忙也幫不上，只會拖後腿。而且越想越後悔，覺得自己不應該放棄當時那麼好的工作回來，現在種種的不順心都是當初她先生逼迫她回來才導致的。

這樣的故事其實很典型，都是關於「當初如果不是因為×××，我就不會那樣，也就不會有現在的問題和麻煩」。比如：

「如果不是當年我媽非要我跟那個人結婚，我現在也不會跟他過得那麼不開心」。

「如果不是因為我爸不讓我辭職，我早就離開了，才不會這麼大年紀還留在這個鬼地方呢」。

「如果不是那個朋友慫恿，我才不會浪費錢買這件一年都沒穿過一次的衣服呢」。

「如果不是為了孩子，我早就離婚了。」

當人們在說這些話的時候，都有一個共同的假設——認為自己的某些選擇是有人「逼迫」自己做的。但其實沒有任何人可以剝奪你選擇的自由，當我們感到自己會被別人逼迫或者限制，只有一個原因——自己不敢拿出力量去行使自由選擇的權力，或者說把為自己生命做決定的權力送給了別人。

自己越缺乏力量，就會對他人越依賴

人們常說，我希望我兒子更快樂，我希望我的伴侶積極點不要那麼消極固執，我希望我父母能開心健康。

但如果你問他們那你自己呢，你希望自己如何？他們會說我不想要這個不想要那個，我不想要孤獨、不想要焦慮、不想這麼累、不想壓力這麼大，但如果你繼續追問，問他們你究竟想要的是什麼，真正想去做什麼？他們會突然愣住，我……我不知道……

我們關注別人太久之後，對自己的感受會變得模糊和生疏，甚至不知道自己內心深處究竟想要什麼。所以很多人最大的困惑就來自於不知道自己想要什麼。

成長最重要的意義就是去發現我們的養育者和社會文化植入給我們的信念體系是什麼，學習不被這些信念體系所奴役，敏銳地分辨出什麼是別人告訴你的，什麼是你被要求的，什麼是自己內心真正渴望的，並找回力量活出自己真正想要的生活。

很多人都自認為還算是了解自己，然而事實是我們對自身的了解就像對宇宙的了解一樣少。當我觸及自己心靈的本體時，我強烈地意識到我的本體和其他人的本體並無不同，那是同樣的源頭。觸碰到越來越多你未曾發現的自我力量時，你會發現其實這種力量每個人都有，正如心學思想家王陽明說的：人人皆有良知。

佛陀在菩提樹下覺醒時說的第一句話就是「妙哉，人人皆有佛性，人人皆可成佛」。我們每個人內在都有無限的創造力和潛力，而限制我們使用出這份力量的正是我們自己，是我們對自己的各種限制的認知所造成的，這種狹隘的自我認知就像綁在大象腳上的細鏈鎖一樣，把一頭強大的大象囚禁在一個狹小的區域之中。

（印度有很多馴象人，他們會在馴服的大象的腿上綁一根很細的鐵鍊，大象就不會跑了。很多初次見到的人十分不解，龐大的象完全可以輕鬆掙脫鐵鍊卻為什麼不掙脫逃跑呢？原來這些象在很小的時候就被綁住，那時候的小象嘗試著掙扎掙脫鐵鍊無果，慢慢就放棄了，就算後來已經長大了，但這種「無論如何我都掙脫不了這鐵鍊」的自我認知，依然牢牢地限制住大象發揮自己的力量。）

我們自己越缺乏力量，越會有無力、挫敗、不安全的感覺，所以就會渴望身邊的人能夠給我們安全感、信心、勇氣……然而對他人越依賴就會感受到更多挫敗和無力（因為最終你一定會發現沒人會變成你期待的樣子），同時也損失掉更多的時間和注意力來找回自己的力量。

敢拒絕才能真正承擔

當C向我抱怨因為先生的逼迫而放棄那麼好的工作，現在卻得不到他的理解的時候，我提醒她：你最大的問題是在於當初你做了這個選擇，但是你不認為這個選擇是自己做的，你認為這個選擇是別人逼你做的。事實上這個世界上沒有人能逼你做任何決定，每個決定其實都是你深思熟慮之後，你權衡過你能夠承受的最大的風險和其中的利益，然後做的當下你認為對你最合適的決定。但是，當這個決定引發了一系列的困難和挑戰，需要你去面對的時候，你就後悔了，或者是不願意完全承擔這些問題。所以每當碰到相關的問題，你就會把這個責任推給你的先生，認為當初是他逼你回來的。但其實所有的決定都是你自己做的。

◆──把責任推出去時，也把內在的力量推出去了

其實很多人都是這樣的，他們既想做自己，又不敢全然地做自己，因為當你做自己的時候你就要為自己的一切來負責。那些認為別人可以控制自己的人，其實是自己無意識地把選擇權交到了對方手上，以逃避選擇。然而人們卻常常忘記，即使是別人為你做的選擇，最後的那個結果還是要你自己來承擔。

所以當我們沒有足夠的力量去為自己的選擇負責任，或者是想去逃避這些選擇所帶來的風險和壓力的時候，我們就會把選擇權交到別人手上，表面上看起來好像是被別人控制、脅迫了一樣。

但真相是：**沒有人能真正地脅迫你做任何事。我們之所以會去做，是因為最後那個呈現的結果都是我們認同的。**

無論這個可以控制你的人是誰，是你的父母、你的伴侶、你的好朋友、你的上司……你身邊的任何人，一定是因為在他們身上有你想要的東西。這個東西有可能是有形的，比如說金錢、權利……或者是無形的，比如安全感、愛、被關心的感覺，等等。

當我們把責任交出去，讓對方來干預我們的生活，在這個當中我們一定是會享受到一些益處的。但是在這個過程中，我們又會承擔一些因為對方的選擇所帶來的不自由的感覺、委屈的感覺，或者是這個選擇所帶來的各種問題。於是我們又會抱怨，覺得是對方讓我們成為這樣子！

這就很像莎士比亞寫的一本小說《馬克白》，就跟馬克白的夫人，也叫做海盜夫人的這個理論。意思是說海盜會去劫財，會去做一些違法的勾當，燒殺擄掠，然後他會搶一些財富和珠寶回來。他的妻子就會享用他的財寶，他所做的這些事情大大的改善了他的妻子的生活。但是這個妻子一邊在享受她的丈夫帶給她的這些好處，一方面又在譴責她的丈夫說：你看你怎麼做這種違法亂紀的事情？你看你怎麼做這種傷天害理的事情？你太過分了……這就是我們常說的強盜的妻子，一邊享受當中的好處，一邊又在抱怨對方，不想和對方一起承擔。

所以你會發現當我們把我們生命的責任，和對我們自己感受的責任推出去時，我們也把我們內在的力量也推出去了。

其實你要做的很簡單，要麼就把責任全部收回來，如果你真的是這個海盜的妻子，你要是不喜歡這樣做，要麼就離開他，要麼就改變他。如果你既不想離開他，又不想改變他，那麼你就感恩他！

◆── 從始至終對自己的選擇負全責

在任何時候，你都有三種以上的選擇，要麼離開，要麼改變，要麼接納。如果你相信自己沒有力量，需要依賴對方的某些資源，那麼就接納你目前的這個現狀。如果這不是你想要的，也沒有意願改變，那麼你也可以選擇離開這段關係。如果你想要保留這段關係，就要提升自己的力量，學會真實的、不帶攻擊性的表達，為你關係的現狀負全責。

當人們說「莫忘初心」時，指的其實就是從始至終地對自己的選擇負全責。

例如，你的一個好朋友在兩年前遇到經濟上的困難，於是你借了一筆錢給他。他過了一年，終於全部還清了。在那個時候，你的幫助是沒有任何條件的，你只是出於本心，純粹地想幫助對方，而且能幫上對方的忙也讓你感到很開心。過了幾年，你自己遇到一件事，於是開口向你的好朋友借錢，可是沒想到，他卻拒絕了你。雖然你知道他也有難處，但是你卻依然很憤怒……

而真相是這件事和之前的事沒有任何關係，你最初給予幫助的時候也沒有想過這是有條件的，需要對方來交換什麼。這一刻你失望了，這個時候小我冒出來利用過去來演繹這件事，強化此刻失望的感覺。於是被辜負的感覺出現了，你忘記了初心，甚至玷污了它，我們就是經常這樣自我污染的。

類似的事情比比皆是，很多時候我們最初的起心動念是很純淨的，在那一刻雖然我們是付出者，但在付出的同時其實我們就已經得到回報了。就是那種純粹的幸福感，滿足感。然而事後我們卻忘記了那份初心，縱容小我利用那個過去來控制別人。

任何選擇都要出自於自己的本心，基於當下的美好感受，如果當下的感受不美好，而期待透過這個行為來獲得別人給你某種回報，那麼就不要做這個選擇，因為這個期待注定是要落空的。

不要害怕拒絕別人就會成為「壞人」，不敢做「壞人」而做的「好人」也不是真正的好人。最大的自由才能帶來最大的成長。

擁有自由就可以擁有力量接受他人的任何選擇。而自己也可以根據自己真正想要的來決定是拒絕還是接受，並為此負全責。

敢於拒絕才可能真正地承擔，不懼失去才可能真正擁有。

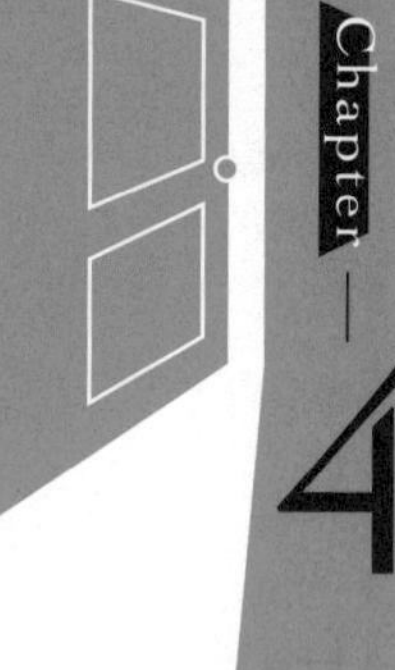

教會你身邊的人如何愛你

◆敢於面對和承認自己的需要，
並為此負責，
同時能夠理解並尊重他人的需要，
這就是愛自己。

你只會成為你相信的樣子。

Chapter 4

面對自己的需要而不是粉飾它

面對並承認自己的需要，前提是要有強大的內心力量。因為你要承認自己是可以「自私」的，允許自己「自私」，完全接納自己有「自私」的這一面。

美國著名的心靈導師彼尚曾經講過這樣一個故事。

一次他坐他哥哥開的車出遊，路途上，彼尚的哥哥說，我想吃口香糖，你那裡有嗎？彼尚掏了掏口袋，很幸運地摸出了五顆口香糖，然後彼尚想也沒想拿起其中的三顆扔進嘴裡，把另外兩顆遞給哥哥。

他哥哥皺著眉頭接過那兩顆口香糖說，如果是我，我會把那三顆給你，我自己只吃另外兩顆。

彼尚說，沒錯，我就是按你說的做的呀。

他哥哥說，不是，我的意思是，身為主人你應該把多的留給別人、留給客人，自己吃少的。這樣才有禮貌。

彼尚說，不不，如果是四顆口香糖我會一人一半，但我沒辦法把五顆分成一人一半，真相是我愛你，但我愛自己更多一些，所以我會自己吃更多一點的那一半。

他哥哥聽了之後，沉默了很長時間，在後來行駛的路途上，時不時就若有所思地側過頭來盯著彼尚，過了很久，他哥哥說，我很羨慕你可以這樣，雖然我覺得這個對我來說很難，但我也希望有一天我能像你這樣真實地面對自己和別人。

我國古代有個著名的孔融讓梨的故事，一個四歲的孩子把最大的梨讓給家人，留給自己最小的。從心理學的角度來說，無論是否出於真實的自願，把這件事當作典範向這個年齡層的人宣揚都是不合適的。四歲的孩子尚未形成完整的價值觀，在孩子不明就裡的情況下，這樣的教導必會讓那些希望留下大梨的孩子有沉重的羞恥感，導致他們的性格要麼變得隱忍和壓抑，要麼叛逆和憤怒。

一方面有著出於本能的需要，一方面這種需要又被大人灌輸的價值觀強烈壓制。這就是為什麼這個時代糾結的人那麼多，因為內在永遠有兩股力量在爭戰。

◆——被壓抑的需要並不會憑空消失

記得很多年前看一個訪談節目，來賓是周星馳，他回憶小時候的一件事，說那時候家裡很窮，有一次媽媽帶他和其他兄弟姐妹外出，經過路邊一個小攤子，幾乎沒擁有什麼玩具的他看到一個小東西，非常非常喜歡，就央求媽媽買給他，可是媽媽不同意，他繼續央求甚至哭了起來，結果媽媽在大街上把小小的周星馳打了一頓，拖著他離開了那個小攤子。

周星馳在講這段故事的時候，表情非常嚴肅，在故事結束後，他蹙著眉頭看著主持人的眼睛，說，她不買給我就算了，為什麼還要打我？問這個問題時周星馳已經快五十歲了，即使過了這麼多年和獲得了這樣大的成就，依然無法讓他釋懷這件事。

有許多的母親把重視家人忽略自己奉為人生準則。這種價值觀在物質相對匱乏的年代是很重要的，但是在科技已經如此發達，物質豐盛的今天，這套價值觀已經不再適合。當我們不尊重自己的需要時，自然就無法好好地尊重他人的需要，周星馳的母親的反應是那個時代父母非常常見的反應，然而現在這種情況也沒有改善多少。

孩子想去遊樂場，一遍遍地要求媽媽：「我想去遊樂場嘛。」剛跟爸爸吵完架的媽媽很煩：「你怎麼這麼不懂事，媽媽為這個家整天忙，賺錢幫你買吃的買穿的，好不容易休息一下你也不體諒媽媽？整天就知道玩！」於是孩子真的覺得自己做錯事，悲傷地回到自己房間。

父母都是普通人，當然會有無法滿足孩子要求的時候，會有情緒，會累，會感覺到壓力，而這些時候我們就有不想承擔這種壓力，或者想要休息一下的需要。但因為父母從來都沒有學會直接面對自己的需要，所以當這些真實的需要浮現時，會讓父母感到羞恥或內疚，尤其是自我價值感低的父母。於是拒絕孩子時，附加一堆道理證明自己的拒絕合情合理，孩子的要求不合道理。講道理的本質是——我是對的，你是錯的。這樣雖避免了內疚，但愛的流動卻被阻斷，孩子體驗到「被拒絕＝我是錯的」。真正讓人痛苦的不是事情本身沒有達成，而是被評價為「犯錯的、不講道理的我不值得被愛」。

這就是周星馳已經年近半百卻依然沒有從童年的那個故事裡釋懷的原因吧。

被壓抑的需要到最後並不會因為這些自我壓抑而消失，它們依然會在那裡，只是以一種更隱蔽、更迂迴的方式呈現——要麼根本就徹底否認自己的需要，對他人各種討好；或者把屬於自己的個人需要包裝成一種更正確的、更符合社會標準的道德準則去要求對方，同時抨擊對方如果不滿足自己的需要就是道德低下。

◆——敢於承認和面對自己的需要，你才變得真實有擔當

我有一位訪客，是位非常非常漂亮的女人，她和身價不菲的丈夫感情出現了裂痕，各種狗血劇情都上演了一遍，最後實在痛苦不堪想要離婚，她表現出很灑脫的樣子說我可以什麼都不要，只有一個條件，我希望由丈夫來撫養兩個孩子，因為這樣才可以給孩子最好的照顧。結果丈夫就是不同意留下孩子，她在諮詢時跟我抱怨，怎麼會有這麼不負責任的男人，我認識的最不齒的男人離了婚都是搶著要孩子的，這個男人的人品真是

太差了。

我提醒她，希望對方留下孩子是你的需要，因為你沒有信心面對一個單身媽媽帶著兩個孩子的生活，這種生活你目前還做不到，你害怕了，但這並不丟人，但是你不能為了粉飾自己的害怕，而在道德層面上去譴責對方。

這個行為和很多父母責備孩子不滿足自己的期待就是「不孝」的心理動力是一樣的。

父母期待孩子按照自己的意志生活，是因為他們需要安全感，需要掌控感，當孩子不聽從的時候，父母的這種掌控感就消失了，因此會帶來不安和焦慮。但他們意識不到這只是他們的個人需要，而且在原有的信念系統裡根本不能接納人是可以有個人需要的，所以又要拚命地去粉飾它。

另一位工作狂丈夫T，常年在外出差加班，即使回家了也經常工作電話打個不停。妻子委屈極了，跟丈夫吵架，問他可不可以多關心下家人。可是T每次都覺得自己更委屈——自己這麼辛苦工作，還不都是為了這個家嗎？

而太太無法接受這樣的說辭，她說我根本不需要你賺這麼多錢，我從沒感覺到你有真正關心過這個家……

當他們找我做婚姻諮詢，我做的第一件事，就是請丈夫T停止粉飾自己行為背後的需要，而向自己的太太表達過度專注工作背後的真實動力。

我引導T慢慢覺知到一些之前他自己都未曾發現的原因，T說，我很害怕面對我們之間感情上的衝突，我們吵架之後我不知道怎麼面對。我覺得自己在家庭中很挫折、很沒用，而工作能帶給我一些成就感，所以我躲到工作中，因為在那裡我會感到安全、覺得自己是有價值的。

很長一段時間，他們的關係一直被卡在T「負責任的好男人」的人格面具之下，當T終於可以對妻子說出這句話時，他們的關係才真正開始流動，真實的溝通表達才開始了。

二〇一四年獲得包括最佳劇情、最佳男主角等多項大獎的美劇《絕命毒師》是部非常深刻的片子。主角是一位中學的化學老師沃爾特，一輩子都活得窩窩囊囊。在得知自己身患絕症的情況下，為了留下財產給家人，使他們在自己死後衣食無憂，他瞞著自己的家人，利用自己的化學知識製造毒品。

可是當他賺夠了當初打算留給孩子的錢之後卻停不下手，繼續製毒販毒，從第一次殺人的戰戰兢兢到後來的輕車熟路，捲進越來越多的犯罪集團和案件中，也為家人帶來了很多危險。最後事情敗露，他的妻子和兒子終於知道他之前賺的錢是製毒獲得的，在家人承受巨大壓力、憤怒、痛苦時，沃爾特每次都會跟自己的妻子辯解說，我所做的這些都是為了這個家。

在《絕命毒師》大結局的那一集，沃爾特已經眾叛親離，家裡原來的房子也被政府收走了，妻兒和剛剛出生不久的小女兒住在臨時安置點裡，他自己則躲在北方一個鎮上，躲了將近一年之後，他決定回去以同歸於盡的方式和之前背叛他的黑幫罪犯做最後的了結。他躲過警察，來到妻兒居住的簡陋公寓，和家人做最後的告別。

他交代了一些事情，最後對他的妻子說：我所做的一切，你要明白……

他的妻子壓抑著憤怒打斷他：如果還要我再聽一遍，你做這些是為了這個家……

沃爾特打斷她，說：我做這些是為我自己，我喜歡。我真的很擅長這些，而且我，終於算是真正精彩地活過了。

他的妻子很吃驚，這是她第一次聽到沃爾特不再拿家人為自己的行為做藉口。她整個人都放鬆下來，閉上眼睛低下頭，輕輕地點了點頭。

我知道，這一刻，她才真正能夠原諒沃爾特的所作所為對家人帶來的傷害。

往往內心越脆弱的人越害怕面對自己的軟弱，越有匱乏感的人越要用盡全力掩飾自己的自私。當沃爾特經歷了那麼多風浪，他終於從一個懦弱的男人變成一個有力量的男人了，也在這一刻他才敢承認和面對自己的需要。

人們往往更容易接受他們的家人朋友做自己想做的事情，愛自己、滿足自己，而不是給這種個人需要的行為標榜一個冠冕堂皇的理由。當你真正懂得坦誠表達自己的需要，你才開始變得真實有擔當。

無論我們要求對方做什麼，還是拒絕對方做什麼，這裡面都有我們自己的需要。

敢於直接面對和承認自己的需要，並為此負責，同時能夠理解並尊重他人的需要，這就是愛自己。

但明明有需要，卻用各種理由為自己的需要辯解，否認它，粉飾它，或者抨擊別人的需要，貶低他人需要的合理性，這就是自私。

這就是自愛和自私最大的區別。

教會你身邊的人如何愛你，是你的責任

我們身邊所有的人和我們的互動方式都是我們自己教會對方的。如果你感到對方習慣指責你、控制你，那麼你要探索一下，你是如何創造出這樣的互動模式的，並學習從這種模式中徹底離開，創造全新的，你想要真正體驗的模式。

當我們和身邊的人出現摩擦時，周圍的親戚朋友往往勸你「忍一忍就過去了」，這幾乎已經成了很多人的關係指南，要麼壓抑隱忍，要麼到某個忍耐的極限，以一種破壞力極強的方式連本帶利地爆發出來。

如果你決定留在一段關係中，就要為這段關係負責任，學會如何與對方溝通，告訴對方你的需要和邊界是非常重要的。

◆ 及時且清晰地表達自己的需要和邊界

要學會及時且清晰地表達自己的需要和邊界。簡單來說就是「我希望你做的」和「我不希望你做的」。

很多人會無意識地埋怨對方：我覺得你一點都不關心我，我希望你對我好一點……

但是這種表達會讓身邊的人感到委屈和困惑，因為大多數人都在盡己所能去給予家人和朋友關心和理解，所以當聽到身邊的人說出這種抱怨時，心裡難免會有個反彈的聲音「難道我不夠關心你嗎？我為你做了那麼多，你竟然還覺得我對你不好？」。而根本原因就是對方並不知道你所謂的「關心」和「好」是怎樣的表達方式。每個人的原生家庭、成長背景都是完全不同的，每個人認知到的感受愛和表達愛的方式都有差別。

很多人抗拒清晰地表達自己的需要，他們會有這樣一些邏輯：

- 如果你愛我你就應該懂我，如果你不懂我，就說明你不愛我。
- 如果你不懂我，我也不會跟你說我要什麼，因為如果是我找你要你再給我，那有什麼意義？

・如果你知道了我想要什麼，就必須要按照我想要的方式表達出來，如果不是按照我想要的方式表達，那也表示你不愛我。

・至於我到底想要哪種方式，第一我自己可能也不清楚，但是我清楚我不想要什麼；第二同上，如果我告訴你了，那是我向你要來的，你再給我就沒意義了。

這些話白紙黑字寫出來雖然讓人感覺很荒謬幼稚，但是很多人潛意識中就是這樣的邏輯。這就是孩子的邏輯，不講道理的邏輯。

如果你發現自己也是這樣，那麼你需要學會更清晰明確地表達你的需要。「我希望你對我好一點」、「我希望你理解我」，這種表達方式太籠統了，對方無法清楚知道到底該如何做，而且每個人表達愛的方式都是不同的，有些人偏向為對方做一些事情，有的人透過語言來表達，還有些人偏好提供某種物質保障來表達愛，所以你沒有明確表達的時候，對方自然會用自己認知到的方式來表達。

而且表達一定要及時，盡可能在第一時間去表達，而不要用迴避、自我說服等方式來把期待壓制下去，除非你覺得自己可以徹底轉化和放下這個期待。**如果你都不為你自己的感受負責，卻期待別人來為此負責，期待別人來讓你開心滿意，這是不可能的。**

為自己的感受和需要負責任是很重要的一種自愛能力。

記得很多年前，有一次我們公司準備辦一場大活動。因為時間非常緊張，所以需要在很短的時間內完成很多事情。我也負責好幾個項目，其中一個就是為這次活動設計伴手禮的紙袋圖案。我記得當時有很多事情，所以我只有一個下午的時間和設計師溝通，修改方案。經過高效率的溝通，終於在下班之前定稿並安排印刷，第二天就可以拿到成品了。

晚上我和先生吃完晚飯坐在沙發上閒聊，我還敲著電腦，進行一些其他的工作。說起活動的事情，我把電腦轉過去給他看今天定稿的手袋設計。我問他「這是我們下午定稿的提袋方案，怎麼樣？」

然後我的先生二話不說，砰砰砰，敲著電腦螢幕，指出了三處問題，並給予了修改意見。

我越聽心情越低落，淡淡地「哦」了一聲，訕訕地把電腦拿了回來。繼續我手上的事情。但是很明顯，我感覺到我有些不舒服。接下來的十幾分鐘，我先生跟我說話，我都愛答不理，沒給他什麼好臉色。

很快我意識到，其實我自己對這個設計成果很滿意，而且現在已經定稿印刷了，再指出問題已經沒有任何意義了。剛才給他看設計稿，其實我的期待很簡單——只是「求讚賞」，希望他誇誇我在這麼有限的時間下能做出這樣品質還不錯的設計。但我不想那麼直接地表達我這個期待，因為在另一個層面，我覺得這個期待一點也不大氣，甚至還有那麼點幼稚。所以我希望在我不說明的情況下，我的先生能猜到並給我我想要的反應。然而他卻完全給了我不想要的回應。

我對先生剛才的回應有些失望，我有些生他的氣，但卻悶在心裡不明說，並用低落的情緒來懲罰他。我意識到這是過去的習慣又回來了。而我的先生其實已經發現我有些不對勁了，但卻不明就裡，想問又不知道從何問起。

於是我告訴他，剛才我有點不舒服，你注意到了嗎？他說，有，我注意到了。

我說，其實這個方案已經定稿印刷了。我不需要修改意見，而且現在提出修改意見已經沒有意義了。我剛才給你看就是希望你能誇我一下，畢竟這個設計稿是在很短的時間內做出來的，我蠻有成就感的。所以剛才你指出問題的時候，我有點失望，因為和我想要的結果不太一樣。

然後先生馬上說，「哦，這樣啊，我還以為你給我看就是想要問我建議呢。其實已經很不錯很完美了，真的真的。」

我笑著看著他有點急於賣乖的樣子，其實這一刻他的誇獎已經不那麼重要了。對我來說，價值更大的是，我可以更深層快速地捕捉到自己內在的過程，並用成熟的方式表達出來。

而經過這樣的溝通後，我們也變得更有默契和親密了。

◆——你的期待在對方的能力範圍之內嗎？

當你能及時且清晰地表達自己的需要時，你已經為你的關係的進步邁開了很大一步了。

那麼接下來還需要做兩個方面的評估：

① 對方有沒有足夠的能力或能量支持他滿足你的需求？

②對方有沒有足夠的意願去做，也就是你們過去的關係基礎是否達到了這個前提？

我們先來談談第一個，就是對方是否有足夠的能力或能量，來滿足你的需求。

一個人能做到一件事，並不僅僅是擁有「意願」就足夠。比如很多人都希望自己身體更健康身材更好，而且他們也知道只要做到「少吃多動」就好了，只有簡單的四個字，但是對於很多人來講卻並不容易做到。因為這裡面涉及很多主題，比如他需要突破內在的疲憊感、拖延、自我攻擊、挫敗感等等這些才能做到。

我有些學員在和老人家相處時遇到一些困境，老人家常常會責備，也有很旺盛的控制慾，而這個時候他們會有個期待，希望先生能去影響自己的父母，讓老人家可以改變想法和態度。當然也有男女反過來的例子。他們會說，我已經很明確表達了，我只是希望他／她能跟自己父母談一談，請他們別這樣了。

可是他們卻忽略了這個期待根本就超出了對方的能力範圍。他／她自己可能都還沒有力量擺脫父母的控制，根本沒辦法改變自己的父母。

但很多人因為無法理解當下真實的境況和對方狀態，而非常執著自己的期待，並會用各種「應該」、「不應該」來合理化自己的期待，「這是他們家的人，他應該管」、「我做了這麼多，為什麼就是要不停挑我毛病」……

我記得女兒小時候，每當她畫出一幅滿意的作品拿給我看時，永遠都是把有畫面的那一面對著自己，把空白的背面對著我，然後興奮地舉起來說：「媽媽，你看，漂亮嗎？」在她三歲之前我從來沒有糾正過她，因為我知道那沒有意義，所以我會看著那張紙的背面說，哇，好漂亮。心智沒有足夠成熟時，孩子沒有辦法理解「我看到的世界和你看到的世界是不一樣的」這件事。

你應該見過那種無法理解「商店關門了」，而在晚上十點鐘為了要一樣家裡沒有準備的食物或玩具，哭到抽搐的孩子吧。

孩子可以這樣，但如果你已經是個成年人，卻還在要求你身邊的人給你一些他們根本沒有的東西，例如理解、信任、肯定……那麼你首先要明白這是在這個層面上的「商店關門了」。

找別人要一樣他們根本給不出來的東西，只是徒增彼此的痛苦。

愛是累積來的，不愛也是

如果你客觀地評估之後，發現以對方目前的能力和能量狀態確實給不出你想要的東西，那麼你有兩種選擇：要麼支持對方、滋養對方，讓他慢慢獲得這種能力；要麼放下這份期待，學會自我滿足。

真正自信自愛的人才可以在關係中平衡

在一段關係中有能力關注「我們」的人，必須有很重要的特質，那就是他的自我人格發展得比較完整。

如果一個人在成長的過程中，從未體驗過他的養育者給予的足夠的耐心、寬容、信任、無條件的支持……那麼他也不可能給予這些。

說簡單點，要給予愛的人必須自己擁有愛，就好像你要送別人一個蘋果，那前提是你必須擁有至少一個蘋果，否則即使你想給，也是給不出來的。

兒童在成長過程中需要發展心智，而絕大部分的人只發展了「智」的層面，「心」的層面的成長是缺失的。尤其是很多男性在情感層面尚未發育成熟，因為他們在成長過程中並沒有從父母那裡學會如何表達愛、接收愛、感知愛，如何讓愛流動，甚至沒有學會在情感層面的基礎溝通，要麼迴避溝通，要麼暴力溝通。

為了方便表達，我會以某一種性別作為主體描述，下面這種情況，男性比例會偏多，但所闡述的狀況，其實是人性的共性，所以在很多情況下，男女位置也是可以調換的。

在很多失衡的愛情的早期，男人無微不至、肝腦塗地地追求一個女孩，任打任罵，心裡沒有自己只有對方，這樣的關係一定是不穩定不長久的。這個「好」只是一個自我構建的不完善而短暫補償的一種假象。

他們帶著自我壓抑小心翼翼地討好，是因為自我價值感很低，對愛感覺非常匱乏，所以渴望透過不斷的付出和討好換回對方的愛。還有一種我稱之為「狩獵心態」的討好，是靠這段關係來找存在感，自我證明：我要把你追到手，證明我很厲害。

還有一種類型，這類的人身上這兩種成分都有。當他們的關係真正穩定下來時，那個男人卻「變了」，這個「好」再也給不出來了，因為之前給的「好」是用一種自我消耗的方式在給，靠撐、靠忍、靠硬扛、靠自我說服，而不是來自本然的狀態，所以給到最後不是不想給，而是消耗殆盡給不出來了。而且這個男人的潛意識裡就會有個聲音：「我付出了一年多了，你總該回報我什麼了吧？」、「我累了，我覺得我給得夠多了，我希望你能給我一點愛。」

然而這個時候，大部分女人已經把之前失衡的關係當作常態了，這種格局的改變並不是她們之前預期的，她們會以為之前的關係格局會一直持續下去。甚至有些女人會把這種失衡狀態當作判斷男人是否真心的標準，就像電視劇《歡樂頌》中樊勝美的觀點：「男人如果在追你的時候都對你不夠好，那結婚以後你就慘了。」

這種觀點不知道害了多少人，女人把自己當作獵物或商品，待價而沽，男人就要拿出相應的東西來交換，例如物質保障、體貼的行為、委曲求全的姿態等等。在這樣的關係中，無論是男人還是女人都物化了自己，也物化了對方，沒有看到自己是一個鮮活真實的人，也沒有機會創造出一段真正親密、真實的關係。這種交易性在關係的最初就定下了基調。所以樊勝美是整部劇中最物化自己的人，也會物化來到她身邊的男人。但同時也是因為她所成長的家庭一直在物化她，她沒有學會如何看到自己、尊重自己、愛自己。

根據大家熟知的吸引力法則，吸引心智成熟的暖男的一定是心智同樣成熟的暖女。而女人迷戀被討好、被呵護的狀態，並對此產生依賴，本身也是心智不夠成熟的表現。可能很多人會有疑惑，不對呀，我就看過一些任性的女孩旁邊有個溫柔好脾氣的男人，或者反之。但有個我們需要理清的問題是，暖男是心靈深處對關係有著安全感並有感知他人的能力的人，而且自我價值較高，他們能夠自信自愛並擁有完整的自我，才可以在關係中做到很好的平衡。他們會讓身邊的人很舒服，體貼而不諂媚，真誠而不刻薄，幽默而不低俗，博學而不賣弄。這樣的人就是真正的心性成熟。

完整人格的形成，需要先天和後天的條件

成熟完整的心性如同珍貴礦石一般是需要日積月累才能形成的，需要很多機緣共同發生。比如琥珀的形成就需要松樹的油脂，而且要氣溫足夠熱來讓油脂分泌，還需要有小昆蟲、地殼的變化、足夠長的時間等因素，少了任何一個因素都不行。

完整人格的形成也是如此，需要先天和後天的條件。擁有完整人格的人通常都有一個相對健康快樂的童年：父母的感情不算太差，家庭中有習慣表達愛和關心的氛圍，在成長過程中也沒有遭遇過太嚴重的創傷性事件來破壞自我價值感（例如：被寄養、被侮辱、被性侵犯等），還需要後天不斷地修煉自己的心性，對自我內在的成長重視且精進。

如果先天條件不足，就需要靠後天的成長和學習來改變這個格局。如果後天的成長足夠快速，那麼甚至可以把童年的負面經驗變成某種資源和天賦發揮出來。

如果你的伴侶心性不夠成熟，很多事情都不能符合你的期待，你最不應該做的就是責備對方。因為改變是需要力量的，**責備除了會讓對方覺得憤怒和愧疚，還有深深的無力感，無力感一旦出現，自我改變的力量就會完全喪失。**

支援對方最好的方式就是缺什麼補什麼。對方的自我價值感低、自信不足，就多欣賞、肯定、感激；對方缺乏安全感，就多表達「我有多麼需要你」、「你對我有多麼的重要」；對方缺乏力量和勇氣，就多給對方一點空間和耐心、鼓勵和看見……

這個支持的過程當然會有挑戰和困難，最大的挑戰就是要克服內在那個「憑什麼是我」的聲音，很多人會卡在「憑什麼要我來做這些，憑什麼他不能來做」這個想法中。

其實很多人對我說這個「憑什麼」時，我通常的回答就是，不憑什麼，就憑你生活中所發生的一切，無論是甜蜜幸福還是紛爭痛苦，最後要承擔的都是你自己。所以你並不是為別人做的，你是為自己做的。

如果對旁邊的這個人你已經沒有意願給予滋養和支持，那麼你還有一個選擇就是離開這段關係。當然，在下一段關係中你可能還是會遇到類似的問題，需要面臨類似的選擇，如果面對這種局面時你習慣選擇離開，那麼最後體會到深深的失望感和孤獨感就是必然會發生的事。

如果你說，我還沒有力量面對離開現在的生活狀態，進入全新未知的生活，但我也沒有意願去滋養支持對方，還有別的方法嗎？那你要學習的就是放下期待，自我滿足。

同時要學會在放下期待的過程中一定要避免變成壓抑期待，把「心死」當作「平靜」。關於這個部分，後面會更詳細地談談。

另外還有一種情況，就是你說：我對身邊的人沒有什麼期待，我不要求他們為我做任何事，我只希望他們不要來控制我、指責我。

事實上，**希望對方做什麼和希望對方不做什麼都是一種期待，只是我們通常會認為後者似乎更為合理，而且會認為這是一個很低的要求。**

◆——如何面對指責，取決於你的選擇

世界上所有的行為只有兩個目的——表達愛或索取愛。無論你或你身邊的人在做什麼、說什麼，看起來多麼過分、多麼不可理喻，歸其根本，這裡面的動機不是在給予愛，就是在索取愛。

而根據量子糾纏原理和關係的互動疊加法則，一旦一個人A開始表達愛，另外一方

B也開始表達愛，B給予越多，A也開始給予更多，因此進入給予愛的正向循環。

反之則進入索取愛的負面循環，A索取，B就索取，然後A索取更多，B就索取更多，周而復始。直到其中有個人開始成長，找回智慧，不再參與這個遊戲。

關係裡所有讓你感覺到難受痛苦的原因只有兩個，而且它們常常同時發生：對方向你索取愛，並且你不願意給；你向對方索取愛，但對方不願意給。

愛的表現形式有很多，例如：理解、陪伴、肯定、欣賞、關心、讚美、信任、支持……

索取愛的表現形式有：抱怨、諷刺、辯解、指責、討好、批評、控訴……

不願意給的理由歸根究底只有兩種：

①**我認為不夠，給不出來，我期待對方給我**。內心的聲音大致是這樣的：憑什麼要我給他愛啊？我覺得我還沒有被愛呢，為什麼他不給我呢？應該他給才對。

②**對對方有意見，不想給**。內心的聲音大致是這樣的：我看這人不順眼（我就是看不慣他這樣的行為），我不想給他愛。我就是不想讓你如願以償，我要讓你知道你這樣是錯的。

這裡的愛是一個大範圍的統稱，大家可以自行代入你目前的個人主題，例如：為什麼我要理解他啊？我覺得他都還沒有理解我呢！

有讀者留言說，他媽媽常常指責他的話是：你這也不會，那也不會，你看你有什麼用。我的臉都被你丟光了。

這種指責就是典型的對愛的索取。這個媽媽內在自我價值感很低，力量不足而產生很多恐懼，這種恐懼演變成對未來的焦慮、對他人眼光的敏感自卑，而這份恐懼就變成對旁人的索取，表達出來大概就是：

我其實很軟弱，很多不確定的事情都會刺激我，讓我焦慮慌張，我很需要安全感，而你表現的穩定、可靠、完美，會帶給我安全感，我很需要你為我做這些。而且我不想讓你知道我是膽怯、恐懼的，我透過憤怒和責備的方式來掩飾我的軟弱，因為至少責備會讓我看起來比較強大。

攻擊是一種憤怒的能量，憤怒是一種次級情緒，是為了掩飾內心底層更為細微的情緒，例如尷尬、無力感、委屈、慌張、焦慮等感受。通常這些感受當事人都不喜歡，也不想面對，更不願意表達，他們會把這個情緒演變成憤怒釋放出來，甚至連他們自己都沒有意識到那些更早的細微情緒的存在和那個演變的過程。

說一個我和我先生的故事。好幾年前的一個夏天，很熱，他出差了幾天。結果他走的第二天家裡冷氣就壞了，我打電話給他，問他，冷氣壞了，我要直接打電話叫人來修還是等你回來看看？他說我明天下午就回家，你們今天就在另一個房間睡，我回來看看是怎麼回事。我說好。

他回家之後休息了一下，就搬了個梯子去弄冷氣了，奮力修理了幾十分鐘，滿身是汗，結果冷氣依然沒有任何反應。他越弄越煩躁，最後徹底放棄，從梯子上爬下來。我問他怎麼樣，弄好了嗎？

他皺著眉劈頭蓋臉對我說：「我在家天天用冷氣都沒壞，怎麼我剛走，你就把冷氣弄壞了！」

我一聽就爆炸了，又委屈又生氣，心想，這麼說太過分了吧，冷氣正好這個時候壞了，只不過被我碰上了，關我什麼事！

我張了張嘴剛想反駁，突然看到他滿頭的汗珠，過去上課成長這麼多年所帶來的改變在這一刻又發揮了作用，在我還沒有做出反應之前，瞬間有一個清明的覺察進來：我意識到這一刻先生攻擊的並不是我，他因為修不好冷氣而體驗到了強烈的挫敗和無能感，而他並不想面對這種感覺，也不喜歡這個修不好冷氣的無能的自己，所以他把這種感覺用指責掩飾過之後丟出來給我，因為指責至少使自己看起來比較有力量。

那一刻這個內在的過程我看得清清楚楚，就像上帝俯瞰人間一樣了然分明。我知道，他的憤怒其實和我無關，他這一刻需要的是理解和安慰。當看明白這些時，我的憤怒瞬間就散去了。

雖然我寫出來是很長一段，但是當時這個過程就只有短短幾秒鐘。

所以當他氣勢洶洶地對我說：「我在家天天用冷氣都沒壞，怎麼我剛走，你就把冷氣搞壞了！」我呆呆愣愣地看著他兩秒鐘（這個過程內心在快速地覺察和轉化），然後「噗哧」一聲就笑了出來，我抬手擦了擦他額頭上的汗說，你又不是專業的冷氣維修師傅，冷氣弄不好就算了，你有那麼多地方都那麼厲害，不用把時間花在這種小事上，等等我們打電話找真正的技工師傅來修。你趕緊喝點水休息一下。

那一刻我感覺到，剛才被用來掩飾的憤怒撐得鼓鼓的硬邦邦的先生好像突然漏了氣一樣，瞬間就變得柔軟了，然後他的覺察也回來了，他很快意識到自己剛才的模式，說：

「對不起，我剛才修得不順利，自己很煩躁，把氣發到你身上了。」

我說，我知道，沒關係，剛才有一下下不舒服，但我知道你不是針對我的。然後我們就來了一個大大的擁抱和親吻（此處省略一千字肉麻情節）……

因為有一個人開始改變自己的自動化反應，快速地把覺察帶進來，本來險些變成一場「戰爭」的情節就變成一個讓彼此更加親密和真實的甜美故事。

試想一下，如果那一刻我喪失了自己的覺知，任由自己的自動化反應發生會怎麼樣？

他對我說：「我在家天天吹冷氣都沒壞，怎麼我剛走，你就把冷氣弄壞了！」

我說：「你有病啊，這種事能怪我嗎？你真的這麼有本事不是也沒把冷氣修好嗎？」

（狠狠一戳，正中靶心）

他被戳中了正想掩飾的部分，更生氣了：「我跟你說過多少次了，電器插頭用完要拔掉，你就是不改，如果不是你這樣冷氣怎麼會壞？我出差累得半死，回來都沒休息一下就修冷氣，你什麼態度！」（控訴）

我看他翻舊帳更生氣了：「又不是我要你修的，是你自己說不用打電話，自己愛逞強，怪誰啊！」（再狠狠一戳）

有沒有覺得這段對話很熟悉很親切？

好，我就不繼續說下去了，因為如果繼續這麼吵下去，可以把三個月前的事情、半年前的事情、五年前的事情都扯出來。還會把孩子，把你媽、你姊、你哥……這些有的沒的都扯出來。

所有那些吵架吵得天翻地覆的人，到最後你問他，你們當時是因為什麼事情開始的？絕大多數人都會回答不記得了。因為**吵的根本就不是那件事，吵的是態度，吵的是自己內心沒有被滿足又無法真實表達的對愛的渴求**。

所以面對這種類型的指責時，你要做的就是洞察對方這一刻想要的是什麼，給予對方需要的理解、感激、支持就行了。

分享幾個上過課程之後學員們在面對指責時的反應，真是機智得令人拍手叫絕：

- 你是不是就是覺得我不好／嫌棄我／我很蠢：

↓ 這不是我的本意。但還是很抱歉，讓你產生這樣的感覺，我會好好反省的。

↓ 都是你惹我生氣，我每天不開心都是你害的。

↓ 對不起，惹你生氣了。不過我每天開心都是因為有你啊！

・你是不是就覺得你最有本事、最聰明、最好啊？

↓我確實覺得我很聰明、很好，而且就是因為我夠聰明、夠好，我才會選你做我老婆／老公啊！

你能想像他們的家人聽到這些回應時臉上愣住的表情嗎？本來心裡還準備了一百句指責，突然就活活噎住，用出不來了——完全不按牌理出牌啊！

無論你能不能給得出來那份愛，都要明白一個前提，他的指責本質上與你無關。但如果你內心的鉤子比較多，很容易被別人鉤到，那麼就算不是指責，只是無心的一句話，都可能讓你不屈不撓地把自己的鉤子掛上去。

對方的指責和你的感受本質上也沒有任何關係，都取決於你做什麼樣的選擇。而自由選擇的力量就在你內心深處。

你獲得的愛，取決於你感受愛的能力

我收到學員或讀者提問次數最多的問題之一就是——「他／她到底是不是真的愛我？」

我想告訴大家一個秘密：無論你感受到被愛還是不被愛，其實選擇權一直都在你身上。

你自身的能量越高，你感受到愛的能力就越強。反之，你能量越低，即使你周圍的人都在關心你、幫助你，你可能依然感受不到愛。

有意思的地方就在這裡。當我們處於這種境況時，一方面我們常常迴避迎面而來的愛，另一方面我們又到處索取愛，甚至抱怨身邊的人不關心自己、不愛自己。

我記得在很多年之前，那時我的公司初創一年多，員工加老闆一共只有幾個人，每個人都身兼數職，作為創辦人的我自然也不例外，每天都非常忙，壓力也很大。有一次我和搭檔開會時一直在咳嗽，她很緊張，關心地提醒我，要注意休息、注意身體。

而我記得很清楚當時我絲毫沒有感受到這是對我的關愛，我當時只覺得我是公司的核心講師，如果我病了，那麼對公司的業績和經營會有很大的影響，她對我的關心不如說是對公司「產品」的關心。

可是很多年之後，我已經成長得內心越來越強大，內在的自我價值感也越來越高，這時的我對周圍關係的感知和過去的我是截然不同的。我常常能感覺到周圍人對我的愛，甚至不僅是人，我能從動物、植物甚至整個世界體驗到它們對我的愛。哪怕是一些很小的事我都會體驗到很濃烈的愛，隨之而帶來滿滿的感激和幸福感。

比如一次在公司開會結束之後，大家都離開會議室，我還留在位置上處理手頭的事情，過了一會兒搭檔推門進來，替我送來一杯香氣四溢的咖啡。我頓時覺得非常幸福，對她說，哇，太棒了！你怎麼這麼好呀，謝謝你！她笑著說，不是我煮給你的，你老公正好在隔壁，是他幫你煮的，我只是幫忙帶進來。我聽了立刻有種幸福翻倍的感覺，說：

哇！這杯咖啡可是兩個人對我的愛呀，我怎麼這麼幸運呢！然後搭檔掩著嘴笑著出去了，我一個人幸福地邊喝咖啡邊工作。

同樣的人給我關心，但是當我的心境不同時，感受截然不同，和那個人做的事並沒有太大的關係。

有一次，我和十年不見的老同學大兵見面，他正煩惱著他和他女友的關係。大兵很喜歡那女孩，根據他的描述，那女孩聰明、能幹、識大體、家境殷實、漂亮而且有品味，大兵能感覺到她是喜歡他的，他們約會時常常能在一起聊到深夜還興致盎然。在最初的那段時間，他們無論工作多忙都願意每週抽時間出來見幾次面。但是現在，卻不知怎麼的，讓這段關係幾乎走到了絕境。他們常常莫名其妙地吵架。而且每次爭吵的起因都微不足道得可笑。

其中一個他們發生衝突的故事是這樣的。那女孩的 iPhone 6 手機壞了，大兵想買新的送她，但又覺得關係才剛剛開始，女孩的性格又很獨立，一開始送這麼貴的禮物怕有些唐突，而我這朋友也是個糾結敏感的高手，經過一番快速的思考之後，他就在通訊軟體裡說：「那我把我的 iPhone 6 先送給你用吧，我不常用，反正還有另一支手機也在同時用。」他心裡覺得這個說法蠻好的——這樣可以顯得很親密，而且也不會讓人感覺送了很貴的禮物而不合時宜。

結果沒想到，另一邊過了大半天都沒回話，大兵正納悶著，對方回了一句：「你是不是覺得我只配用二手的東西？」哇，這一下五雷轟頂，頭暈目眩，這是什麼跟什麼啊。於是大兵趕緊解釋，結果越描越黑，反正這件事到最後也沒徹底說清楚，而且大兵說，不知怎麼著，覺得好像就有一種解釋不清楚的感覺。

聽到這個故事，我心想，這女孩到底經歷了些什麼，如此不相信自己可以被愛？

後來水落石出，他告訴我這女孩曾有過一段不願回首的過去。她和前男友交往時，很後來才知道那人是個有婦之夫，她正在痛苦地考慮要不要分手時，發現自己懷了那個人的孩子，最後是她自己一個人在醫院裡把孩子生了下來，一個人。中間曲折的情節太多，即使這麼三言兩語地描述這狗血的故事，依然能感覺到她當時多麼的無望和悲涼。所以雖然從照片看上去她還非常年輕，卻想不到她還有個三歲大的兒子，是個單親媽媽。

也才知道，為什麼這女孩會對「二手」的東西這麼敏感。

我不禁很同情我這老同學，愛上這樣的女孩，要給出多少愛，才能讓對方感覺到自己其實是被愛的呢？恐怕結果是，無論大兵給多少，只要對方沒有準備好被愛都沒用，因為當一個人不相信自己值得被愛時，不管別人怎麼做，他總有辦法證明你不愛我。更何況，大兵也不是無條件提供愛的永動機，他敏感，瞻前顧後，患得患失，缺點也不少，所以，這場戀愛注定是一次彼此提供教材的學習機會，然後各自緬懷對方的一段經歷。

而M最近的困惑是當一個男人跟一個漂亮女人在一起時，我們如何分辨這個男人到底是想跟她做愛，還是想跟她做飯？

M是個漂亮女人，不僅面容姣好，而且身材凹凸有致、氣質出眾，走在路上回頭率超高，男人和女人都會看她。

有個男人從見到M沒多久就開始追她，但和以往追M的那些人不同，這個男人幾乎滿足了M對男人所有的幻想：情商高，學識廣，身上有淡淡的香皂味，手指乾淨而溫柔。反正M在講起這個男人時常常眉飛色舞，可以斷定她真的很喜歡這個人。

他們剛剛在一起的那段時間，M幾次在止不住笑意地談起他們的故事時，神情會突然暗淡下來：「我們真的會一直這樣好下去嗎？我覺得好不真實。」、「他會永遠愛我嗎？」

現在她的戀情已經一年多了，關於M的先生是否真的愛她，她已經沒有最初那樣的擔心，這男人真的對她無微不至。愛嗎？她越來越肯定，但現在新的問題來了，她有些惶恐，這男人到底是愛她的身體還是愛她的靈魂。那個毫無徵兆的念頭會突然冒出來奪走當下所有的甜蜜和幸福：「如果有一天我老了，醜了，他還會愛我嗎？」

所以即使是這麼美的M，當愛情真的到來時，她也沒辦法享受它。

可是真的分辨得出來嗎？他到底愛的是你的身體還是靈魂，或者說為什麼這個問題對你如此重要？

◆──你如何看待自己，決定了你可以感受到多少愛

幾乎每個人身邊都有一對相愛相殺的戀人，轟轟烈烈，肝腸寸斷，上一秒變成生死仇人，下一秒又和好如初，然後隔個十天半月就再來一輪。旁邊的人看得都累了，但就

是要這樣恩怨糾葛地過下去，彷彿不這樣，就不是愛情，就不夠全力以赴。

其實把親密關係搞成這樣，哪裡是愛情，不過是小我自我懷疑和自我證明的分裂遊戲而已，每個人在內心深處都渴望被無條件地愛著——無論我貧窮或富有，無論我年輕或老了，健康或疾病……不因為我擁有什麼，或者我的成就，而只是因為我的存在本身，都有個人可以一如既往地愛我。

被愛是人類心底最深的渴望，但當我們不相信自己值得被愛時，我們會用一些方式去換取愛。

我做過的婚姻諮詢個案中，有很多典型的夫妻模式，丈夫非常努力地工作賺錢，不斷定下更高的事業目標，每天工作壓力都很大，回到家已經累得不想動了，而妻子想跟丈夫說說話，丈夫卻提不起勁。妻子感受不到愛，跟丈夫抱怨，丈夫覺得非常委屈和憤怒：「我這麼辛苦，在外面累得要死，還要對別人點頭哈腰，這都是為了誰，還不是為了你，為了我們這個家！你竟然還覺得我不愛你，付出得不夠！」妻子更委屈：我不需要你賺那麼多錢，我只想你多陪陪我。

但丈夫是聽不到這些的，他對工作已經變成一種強迫重複的潛意識了，無法停止努力賺錢的節奏。因為在潛意識裡他會認為，那就是我可以獲得愛的有效籌碼，如果我停下來，不去賺錢，我就什麼都不是了。

到了這種時候，出軌或離婚的發生就再正常不過了。關係裡的兩個人都覺得自己為這段關係付出很多、犧牲很多，但卻越來越疲憊，沒有感受到愛的滋養。

愛不是努力換來的，一旦開始努力去取悅、討好對方而壓抑、犧牲自己，愛就消失了。

在世界上不同的國家有兩種截然不同的司法定罪系統。無罪原則和有罪原則。無罪原則就是當抓到犯罪嫌疑人時，先假設對方是無罪的，那麼原告方需要舉證證明對方有罪，沒有充分合理的證據證明對方有罪，就無罪釋放。有罪原則就是假設犯罪嫌疑人有罪，嫌疑人必須自己找出證據證明自己無罪，你找不到充分合理的證據證明自己無罪，就認定你是有罪的。

在關係中你的假設前提是什麼呢？是假設自己值得被愛還是不值得被愛？可是在關係中，原告被告都是你自己，你相信是什麼就會在那裡找證據。

多少男人窮的時候覺得「沒人愛我是因為我太窮了」，結果奮鬥拚搏賺到了錢，終於有人愛了，心裡又疑惑了，她到底是愛我的人還是愛我的錢？就跟 M 小姐「他是想跟我做愛還是做飯」的困惑一樣，那只是一個無法相信愛、試圖找到反證來自我實現的假議題。

在別人眼裡自己看起來是什麼樣子其實一點都不重要，因為終究是我們如何看待自己，決定了自己可以感受到多少愛。如果沒有建立感受愛的能力，對方給了多少都意義不大。

無論是自我證明，還是讓別人來證明，都是一種愚蠢且注定會失敗的舉動。就像要讓別人證明愛你一樣，一旦你需要這麼做時，就意味著你認為自己很可能是不值得被愛的。

當我們無法愛自己時，我們就會以己度人，因為自己覺得自己不夠可愛，所以推測別人也會覺得自己不可愛。

◆學會愛自己，才能把自己內在的黑洞補上

不只一個朋友跟我談過這樣的內容，他們的伴侶對他們說「我愛你」時，如果他們回答「是的，我也很愛你」，彼此的能量就都會很高，親密連結。但如果問「你愛我什麼呢」，在得到一些答案像是我愛你的溫柔、能幹、懂事、漂亮、身材好……之後，會有個很奇怪的感覺，不管對方回答什麼，似乎感覺都不好。

悖論就在這裡，你說我不相信這個世界上有無條件的愛，愛都是有條件的。於是你拿出一百萬元對一個人說，我給你一百萬你來愛我，最後無論對方給的是不是真愛，你都會覺得這愛好沒意思，因為你早已在一開始就把它變成了一場交易。

只不過我們用來交易的籌碼不同而已，通常女人用的籌碼是可愛、性感、漂亮，隱忍、克制、懂奉獻，萌傻惹人憐；男人通常用的籌碼是，成功、會賺錢，負責任、懂擔當，或是能幹、大氣、有涵養，善解人意、學識廣……

有些人使用的籌碼顯而易見，有些人使用的籌碼更隱蔽一些。

這些籌碼都是在過去的歲月中努力爭取來的，當我們獲得這些籌碼時，暫時會覺得

自己有資本，可以得到愛了。可你內心深處還是知道的，籌碼終究是籌碼，那不是你。

當我們把真正的自我遺失時，就努力用一堆籌碼拼出一個自我形象，並且非常在意這個自我形象。沒有愛的時候，我們就想辦法賺更多的籌碼來武裝這個自我形象，但真的有人愛你的時候，你又會感覺自己就像個冒牌貨，對得到的愛誠惶誠恐，非得找到一點證據來證明這個愛不完整不真實，才能稍微安心一點。

這就是你看到那麼多看起來應該幸福的人卻沒辦法幸福的原因。

你見過小寶寶嗎？他從不覺得自己需要變成某個樣子來獲取愛，他只是做自己，全然地相信每個人都愛他，如果你把小嬰兒拋到空中，他會咯咯地笑起來，他相信自己是被愛的。所以沒有人會拒絕寶寶，每個人都喜歡小嬰兒，喜歡靠近他們。

成年人的世界當然更複雜，我們有機會體驗的東西更多，所以成功沒什麼不好，學識、美麗……這些東西就和錢一樣，本身沒有問題，但你需要學習的是讓這些東西為自己服務，而不是讓自己為這些東西所累。如果你始終沒有學會如何感知愛、相信愛，你只會更沒安全感，然後把那些籌碼抓得更緊，結果本來真正的你比你的籌碼要有魅力一千倍，你卻沒機會看到。

任何事情如果無法停下來，就變成了癮，我們有堅強癮、獨立癮、付出癮、優秀癮、工作癮、懂事癮，我們上癮的事情越多就越不自由，就會陷在這些癮頭當中看不清真正的自己，離真正的自我越遠，內心的黑洞就越大。這個黑洞會不斷地吸噬愛，多少愛都無法填滿它。

所以沒什麼比學會被愛、學會找回自己更重要了。愛自己，才能把自己內在的那個黑洞補上。

如果你喜歡為他人付出，那就好好享受為他人付出的過程，而不是自我強迫和犧牲，想做就去做，不想做時能毫無愧疚地停下來。你可以享受你的美麗，也可以接納自己的醜陋邋遢。如果你善於感知別人的心情，那就好好享受這個天賦帶來的樂趣，同時也不會恐懼表達自己的需要或拒絕別人。你想體驗優秀的感覺，就享受專注工作和它帶來的成就感，同時也能樂享自己偶爾的平庸……

在這些不同的體驗中觀察自己，突破自己的邊界，探索自己的天賦和局限。對自己充滿好奇，讓你的每一個選擇、所做的一切都為自己服務，而不是去迎合他人。然後你會發現，愛從來就是不需要努力爭取的東西。

Chapter 5

你只會成為你相信的樣子

◆決定事情結果的
不是事情本身，
甚至不是做事的方法，
而是做這件事的人的能量狀態。

改變人生就是改變能量

很多熟悉我的人常常驚嘆我怎麼可以同時處理那麼多事，經營公司、講課、寫書、照顧孩子，同時還有時間跑步、做瑜伽、攀岩、旅行、畫畫……是如何這麼有效率做到這麼多事的？

而我的秘訣就是——時刻保持在高能量狀態！

什麼是高能量狀態？不同的情緒都有相應不同的能量等級。當一個人處於焦慮、煩躁、自責、忌妒等低能量狀態時，他的工作效率、創造力和學習力是非常有限的。這時即使他知道有一項待完成的工作需要馬上完成，或者有些書需要看，也會無心去做這些事。即使捧起書來看，也會感覺完全看不進去。相反地，能量狀態越高，就有越多的創造力和靈感。

關於能量這個部分如果想有更多的了解，可以看看《心靈能量：藏在身體裡的大智慧》（*Power VS. Force: The Hidden Determinants of Human Behavior*）這本書。這是美國著名的精神科醫師大衛．霍金斯博士（Dr. David R. Hawkins）所著。他運用人體運動學的基本原理，經過二十年的臨床實驗，隨機選擇的測試對象遍布美國、加拿大、墨西哥、南美、北歐等地，包括各種不同種族、文化、行業、年齡的人，累積了幾千人次、幾百萬筆資料，經過精密的統計分析之後，發現人類各種不同的意識層次都有其相對應的能量指數（其數值為100的N次方）。

神性觀點	生命觀點	水準		數量級	情緒	過程
真我、梵	存在	開悟	↑	700~ 1000	不可說	純意識
一切生命	完美	平和	↑	600	天佑	啟發
禪、 單獨的	完全	喜悅	↑	540	平靜	變形
有愛的	和藹	愛	↑ 源	500	敬重	揭示
賢明的	意義	明智	↑ 能	400	諒解	提煉
仁慈的	和諧	寬容	↑ &	350	寬恕	卓越
受鼓舞	有望	主動	↑ 動	310	實現	意圖
能動的	滿意	淡定	↑ 力	250	信任	豁免
許諾的	可行	勇氣	↑ ▲	200	肯定	能動
無關緊要	再來	驕傲	↓ ▼	175	嘲笑	膨脹
復仇	敵對	憤怒	↓ 壓	150	憎恨	侵略
否認	失望	欲望	↓ 力	125	渴望	奴役
懲罰	驚恐	恐懼	↓ &	100	憂患	退隱
輕蔑	悲劇	悲傷	↓ 抗	75	遺憾	失望
譴責	絕望	冷漠	↓ 拒	50	絕望	退讓
報復性	罪惡	內疚	↓	30	責備	破壞
輕視	悲慘	羞愧	↓	20	羞辱	消滅

▲人類意識能量級分布圖

◆ 做事的人的能量狀態決定事情的結果

你一定注意到了，同樣的事情不同的人做，結果會完全不同。話的意思雖然差不多，但由不同的人說，感覺就完全不一樣。

決定事情結果的不是事情本身，甚至不是做事的方法，而是做這件事的人的能量狀態。

能量狀態取決於在做這個事情過程中是基於享受還是責任。做事情的人動機不同，身邊的人感受也會完全不同。

都是媽媽為家人做飯，每個媽媽都是愛自己的家人，希望把愛給家人，但這份愛卻不是每個人都能收到。

例如，媽媽A在做飯時，要證明自己是個好媽媽好主婦，是基於責任和角色在做飯，覺得自己就應該把家事操持好。這個媽媽A可能每天都盡心盡力地做飯洗衣照顧家人，但因為媽媽A在做這些時一點也不享受，而且充滿了付出感，對家人有很多的期待，所以當期待落空時，就會有指責或抱怨：「我是你們的保姆嗎？伺候小的還要伺候大的！」、「辛辛苦苦煮飯給你吃，你吃兩口就不吃了。」結果，事情做了很多，但家人的感受卻不好。

這樣的媽媽A只是在成長過程中接受的信念系統認為，一個女人的價值來自她要成為一個好媽媽、一個賢妻良母，要盡責地照顧家人的衣食起居。她們相信：我不能做不到，即使我很累，即使我不開心，即使我不願意，我也不能做不到。我必須完成，不管我願不願意我都必須完成！

媽媽A並不能享受做飯本身，也不享受擦地板的過程，也許她會付出很多努力讓家裡整潔，但那並不是為了愉悅自己或他人，而是為了完成自我設定的某種生活規矩。因為家裡必須時刻保持整潔衛生，好媽媽必須使命必達地為孩子做好一日三餐……各種各樣存留在潛意識中的規則不斷自我鞭撻、自我強迫。

所以在做這些事情的過程中她很難享受，常年帶著滿滿的犧牲感，每多付出一分都累積更多的期待，加倍渴望關係中的客體對象能給自己更多回報。回報的形式各有不同，可能是肯定、聽話、理解、認可、關懷……無論這份期待在自己看來有多麼合理，最後的失望都是必然的。自己不為自己的感受負責，卻期待旁人來讓自己開心快樂，這樣的期待是永遠無法實現的，他人既沒有能力也沒有義務去為你的感受負責，所以這份期待是注定要落空的。

另一個媽媽B可能也會為家人做飯，而她可以享受做飯的過程。媽媽B不會在這件事上附加太多其他的東西，不會希望透過做飯這事情來得到家人對自己的價值肯定，更不會用自己為家人的付出來控制別人或證明自己，所以她可以放鬆而投入地對待做飯這件事，累了不想太麻煩，就簡單弄點饅頭麵條，如果沒心情做就不做。自然也就沒有任何抱怨，無論是吃飯的還是做飯的，每個人都很放鬆，也很享受。

這兩個媽媽雖然都在做同樣的事情，但因為能量狀態不同，所以做事的過程和結果天差地別。

能量狀態就是我們在事情過程中的起心動念。能量對了，做什麼事都是對的；能量不對，做對的事情也是錯的。就像佛家說心念一動即因果。

在我內在成長的這數年中，幾乎每年我的能量等級都會有個飛躍。當我能長時間保持在愛、喜悅、平和這個能量區間時，我可以非常有效率地完成工作，並能夠輕易地明白自己想要的目標是什麼。而且當我處於這種狀態時，我的時間感會有很大不同。記得三十歲之前，每到過年的時候就會感慨：「哎呀，又過了一年。時間怎麼過得這麼快！」甚至每到春節前後都會產生焦慮的感覺。但是當我的能量等級來到比較高的階段時，會有完全不同的時間感，在閒聊中有時我會說「去年從臺灣回來以後……」，然後旁邊的人提醒我不是去年去的，是今年三月去的，我才想起來距離我從那裡回來不過只有三個多月的時間，但卻感覺過了好久，因為這期間又發生了很多事，有了很多的成果，自己又有了很大的改變，整個人格又有了一次徹底的更新。當處於這種狀態時，好像整個世界的時間都變慢了，而我卻可以快速移動。尤其是三十三歲以後，來到一個更高的能量級別時，這種感覺就更為強烈了。這種感覺有點像《X戰警》裡的快銀一樣，可以在幾秒鐘的時間從房子裡救出幾十個人，吃披薩，梳頭……

霍金說「時間是一個幻覺」，愛因斯坦說「時間是相對的」。時間從來不是一個定值，時間是變數。只有當你不斷超越過去的自己來到全新的層面時，你才會真切地體驗到它究竟是如何發生的。

◆──你處於怎樣的狀態就會吸引與之相配的事物

這個世界的萬事萬物都是彼此聯繫的，而且這種聯繫是即時而持續的，你想創造的結果和你創造結果的行動之間並沒有必然的聯繫，真正會創造出你想要的結果的，是你在這個過程中保持愉悅自在的情緒；只有好的感覺才可能帶來好的結果，否則就不是真正的創造，充其量只能算是置換能量，消耗某些生命領域的能量來換取其他領域的結果。

那些在過程中充滿疲憊和壓力的人，也許取得了事業的成功，賺了很多錢，但卻消耗了健康，換回一身的病痛，或者消耗了關係，家人間要麼冷漠如路人，要麼廝殺如敵人。所以最後就算透過努力奮鬥取得了某些成就，卻沒有獲得內心的喜悅和安寧。這些人比比皆是，也許就在你身邊，也許就是你自己。

真正的創造始終是在自己高能量和好感覺的基礎之上，否則你得到的所有的東西，都會以喪失掉另外更為寶貴的東西作為補償。

《無量之網：連結宇宙萬物的母體》（*The Divine Matrix: Bridging Time, Space, Miracles, and Belief*）這本書的作者桂格・布萊登（Gregg Braden）在書裡這樣描述：身

為可見世界的一部分，我們參與了一場與自我、世界及其之外的一切的曠日持久的量子對話之中。正是這種宇宙性的交流，將我們每一刻的感受、情緒、祈禱和信念傳達給了宇宙。從我們身體的活力到世界的和平都是宇宙給我們的回應。

宇宙中連接一切的能量，也是被連接事物的一部分。量子物理的實驗告訴我們，不要以為這個場與我們的現實生活無關，這個看似平凡的可見世界，事實上正是源自這個場：無量之網就如同一張毯子，平滑地鋪展在整個宇宙中。其中的每一樣事物——為我們所知的，一塊岩石、一棵樹、一顆星球或一個人——都是它在這裡或那裡的「褶皺」。所有的事物都是這個場裡的漣漪。而和這張網對話，啟動無量之網力量的關鍵就是——我們的情緒。

吸引力法則反覆談論的也是這個部分，你處於怎樣的狀態，你就會吸引與之相配的事物來到你身邊。

每一個起心動念和不同的情緒都是一種能量，作者喬．迪斯本札醫生（Dr. Joe Dispenza）在《未來預演：啟動你的量子改變》（*Breaking The Habit of Being Yourself: How to Lose Your Mind and Create a New One*）這本書裡也談到，我們的情緒和念頭就如同發射到宇宙量子場的電磁波，不同的情緒及念頭都攜帶著某種特定的頻率，當我們處於某種頻率時，也會接受相同能量頻率的人、事、物來到我們生活中。這有點像收音機，把收音頻率調整到什麼頻段就會接收到什麼頻段的節目。不同的是，人體這個「收音機」同時也是個電臺，可以接收不同頻段的信號，還可以發射不同頻段的電波。

而當我們處於不同的能量頻段去說話或者做事時，事實上是把這種能量放大了，就好像在我們這個收音機上增加了一個擴大器。

所以我常常提醒大家不要在情緒最低的時候做決定、給反應。其實這個原理非常簡單，我們在低能量狀態時一定是說低能量的話：攻擊性語言、指責、自憐自哀、挖苦諷刺等等；或者是做低能量的行為，決定分手、某種報復性的決策、摔東西、使用武力、吼人等等。

而我們所有的行動或語言都是某種施加在外部的作用力，最後這種作用力都會回覆給自己。很多儒家和佛學經典裡規勸人們行好事、說好話、存好心，正是這個道理。

從科學層面來解釋，我們所知的經典物理學中的牛頓定律，當我們施加給某個物體作用力，那麼同時也會得到一個方向相反的力量相等的反作用力。就比如我們用手去拍桌子，手就會感覺到疼痛，而且疼痛感和我們施加的作用力成正比。

這就是三次元世界的因果定律，一切因果都是同步發生的。在我們所體驗到的四次元世界中，還加入了時間這個變數。所以我們傳遞給世界的某種能量頻率所造成的結果並不會即時、立刻回饋到自己身上，而是在未來的某個點呈現在我們的生活中。

比如，你在親密關係中如果每次吵架都會說「分手」或是「離婚」，雖然你並不是百分百想要離婚，只是在能量低、心情很糟糕的時候才這麼說，但是這種低能量已經藉由你的語言傳遞出去了，然後造成你的伴侶開始對這段關係沒有安全感或是不信任，於是他／她又會做一些低能量反應，比如責備你或者對你冷漠，這就是果。

只是這個作用力和反作用力並不是立刻發生的。因為有時間這個變數，所以因果中間會有一個時間差。就好像父母總是控制孩子，孩子肯定就會叛逆或者懦弱，差別只是這種結果是發生在十年或二十年之後。

我們往往只關注我們的行為，但行為不重要，重要的是行為背後的驅動能量。就像前面談到的兩個做飯的媽媽一樣。

生活中沒有什麼純粹偶然的事件，一切發生的都是有因果的，每一件事都是一個巨大整體的一部分。只是我們的智慧尚未達到時，無法看到所有事件的因果關係是如何跟我們自己的能量狀態串聯起來的，以及它們之間是如何關聯的。

但即使看不清楚，也要對我們的起心動念、一言一行有覺知，不要縱容自己的負面情緒，對內在那些會降低你能量的念頭有所警醒。

當你能長時間穩定在相對更高的能量頻率時，很快你會看到生命中更為寬廣和美好的畫面在你的視野中展開。

把昨天放下，你才有可能來到今天

你現在已經知道，每個人都有無限可能，你當然也是如此。而如果你想要開創一個全新的未來，必須有一個重要的前提，那就是升級你自己的版本。你永遠不可能用一個過去的自己創造一個新的未來。

對於每個人來說，未來事實上都是過去的延展。那麼當你想要未來是全新的，事實上也代表你需要改變過去。

在前面提到，所有我們經歷過的一切事件都會影響到我們的人格，而我們的人格又會塑造出與之相配的經驗。既然你是「過去」所疊加出來的，那麼要改變自己，就勢必要改變「過去」。

◆——歷史是可以被改變的嗎

當然，因為從來沒有「唯一正確」的歷史。每個人都以自己相信的角度在解讀歷史。歷史就是過去所發生的一個故事。而故事中的每個當事人都有屬於自己的版本。不管這個歷史是一個人的歷史，還是一個家庭，或者一個民族，乃至一個國家的歷史，都是如此。

身為一個諮商師和導師，我常常有機會聽我的學員或來訪者講述他們的故事，他們從未質疑過他們眼中這個故事的真實性，而且在講的時候常常情緒激昂。而我非常清楚，如果這個故事的其他當事人也有機會坐在這裡，那麼他們會講出一個完全不同版本的故事。然而他們的共同點是，每個人都會非常執著地相信自己的那個版本是唯一正確的，並希望其他人都這麼認為。

所以我在培養導師的過程中，常常提醒導師不要把客戶的故事當真，聽故事的這個過程對於諮商師來說甚至不是完全必要的，反而主要是用來給來訪者一個釋放情緒的機會或者建立信任關係的作用。

對於能量不夠穩定的諮商師，常犯的錯誤就是聽著聽著就把來訪者的故事當真了，會非常認同對方的處境並且引發出自己內在的相同情緒。有時候他們會在個案輔導的回饋時跟我說「周梵，我覺得他真的好可憐啊」，我就覺得很好笑，腦中就會浮現出一個畫面，一個人本來想把一個掉到溝裡的人撈上來，結果撈著撈著，他自己也一起掉進去了。

其實改變過去這件事對人們來說並不算多麼新鮮，幾乎每個人在生命中都有過這種體驗，曾經發生過一件你覺得是天大的事，感到強烈的痛苦、挫敗、悲傷，而且沒有從那件事中走出來，但幾年後的某一天，你再回想起那件事，你可能會覺得有點好笑，或者覺得充滿感激，甚至覺得幸好發生了一件那樣的事才會有今天的際遇。

那是因為你觀察那件事情的視角改變了。說得更準確一些，你內在的狀態改變了，現在的那個「我」已經不是原來的那個「我」了。

因為「我」的版本升級了，所以所有和「我」有關的人和事都會相應升級。反之，當自己一直在原來的版本沒有進步的時候，相同的一段有負面感受的經歷，無論過了多少年，你對它感受還是相同的。就好像我們身邊的一些人，會抱怨很多年前發生的事情，一直抱怨，同一個故事同一個版本可以講很多很多年，從年輕講到年老，甚至到死都還耿耿於懷。這就意味著他在發生那件事情到生命終結的幾十年生命中從來都沒有升級過自己，一直停留在原來的低版本狀態。

◆當你真的把昨天放下，才有可能來到今天

當我們要改變歷史的時候，核心是改變我們對那個經驗的感知，這種感知造成了屬於我們個人生命的實像。而在這些感知中也包含了我們對那個事件中其他當事人的感知。

當我們說放下或寬恕時，其實就是學習擺脫過去固有的某種負面感受的歷史印記，因為與其說你是原諒那個事件中的對方，不如說是原諒那個事件中的自己。

德雲社的岳雲鵬在某次被採訪時，說起一段關於被羞辱和傷害的故事。這個胖胖的相聲演員在採訪影片當中講起那段他十五歲時做服務生被顧客羞辱的經歷時，無法抑制

地流下眼淚。

採訪的內容大致是這樣的：

岳雲鵬當年還是服務生的時候，有次幫客人點單，點錯了品項，客人就不開心了，開始罵他，無論他如何道歉、賠罪，打折優待甚至提出自掏錢包招待這餐所有消費，客人還是不斷羞辱他。

主持人：現在想到這件事時，心裡浮現的是什麼？

岳雲鵬：我還是恨他，我還是恨他。你都是個相聲演員了，你賺得比原來多了，都上電視了，這麼有深度的節目採訪你，你應該說實話，你應該怎樣怎樣，你不應該恨他了，你應該感激他曾經怎麼樣，如果沒有他你不會被開除，你不會認識郭德綱……但我還是恨他！我特別恨他，到現在我還恨他。你憑什麼？我都道歉了，什麼好聽的話都說了，你還這樣……

主持人：你把他寫進相聲裡……

岳雲鵬：沒有……

主持人：為什麼？

岳雲鵬：我不敢想，我不想回憶這段，從那大哥買單一直到他走，跟我糾纏了三個多小時，各種污辱我，什麼好話我都跟他說了，什麼好話我都跟他說了，大爺大媽，那桌不只他一個人，一桌五六個人，全聽那一個人在說，沒有一個人阻止他……

每個人活到現在都經歷過或大或小的被傷害的故事，也許還有些人在看這本書的時候正身在其中。這種被傷害的故事版本不盡相同，也許是情感上的背叛、被至親的家人口出惡言的傷害、被好朋友欺騙、被信任的工作夥伴背叛，等等，但被辜負、被傷害甚至被羞辱等感受卻是相似的。

無論這個故事是當下在發生的還是一段歷史，我們都要明白很重要的一件事。很多人受到傷害時，都會理所當然地認為：任何人遇到我遇到的這個事兒都會和我有一樣的感覺！這是一件壞事，對方是個懷著惡意的壞人。但事實上我們在一件事情中所體驗到的感受都並不一定是客觀的，而是取決於當時那個體驗這件事的「我」的狀態。

我們對所有發生在自己身上的事物的判斷，都基於當時所處的意識狀態。同樣的一段經歷，當我們不斷成長擴充意識時，你能看到那段經歷中不同的東西，一些過去的自己從來都看不到的東西。比如你能看到那個事情發生的過程勾出了自己內心深處隱藏的脆弱和自卑。

但問題就在於，只有你療癒自己的脆弱和自卑時才能看到它，當你能夠超越自己的恐懼和無力時才能看到別人的恐懼和無力。

這就是為什麼通常那些真心感謝傷害過自己的人，都是已經涅槃重生的人生贏家，他們在這一路上透過學習和行動療癒了自己的自卑和無力，當觸碰到內在的力量感和更好的自己時，才明白過去的那些受傷的經歷，並不只是那個「壞人」帶來的，自己曾經的脆弱和自卑也參與創造了那段被傷害的故事，故事中的那個「壞人」只不過是一個很敬業的演員，配合「我」演好這齣戲碼而已。

如果沒有這種帶著痛感的提醒，也許就會自我感覺良好地在那個階段停滯下來，再也沒有機會觸碰到自己無限的潛力和可能性。所以從這個角度來說，我們真的要好好感謝曾經配合我們的那個投入的「演員」。

你只有真的把昨天放下，才可能來到今天，否則只是昨天的輪迴而已。

有一部奧斯卡最佳動畫長片叫《腦筋急轉彎》（Inside Out），這是一部充滿想像力同時又很有深度的動畫電影，這裡面有一個很容易被忽略的小片段，樂樂和憂憂跳上思想列車時，樂樂不小心打翻了兩個箱子，箱子裡掉出來的碎片一個是事實、一個是觀點，樂樂說它們怎麼看起來長得這麼像。小彬彬（Bing Bong）說，是啊，一直都是這樣。

這個不顯山不露水的隱喻把人們經常把自己的觀點當作事實的習慣直截了當地展現出來。**人們最大的障礙就是當情緒來襲時，不會意識到是我個人看待這件事的角度導致了我會有這種感受，而是覺得我的角度就是這個世界的普遍真理，而且可能甚至都意識不到有「我的角度」這件事的存在。**

「不識廬山真面目，只緣身在此山中」，這就是那麼多人會陷在自己過去的某個被傷害的故事裡不能釋懷的原因，即使很多人很聰明，甚至在某些領域取得了巨大的成就，也會如此。

因為我們站在自己習慣和熟悉的角度時，就會用這個角度來觀察世界，來解釋那些發生的事情，並且會吸引一些和自己視角差不多的人構成自己的人際圈，以致於當我們跟自己的閨密或者哥兒們吐槽發生在自己身上的那些糟糕的事情時，通常會得到他們同仇敵愾的反應。因為這是他們想到的唯一能幫得上忙的方式，也是因為他們觀察事情的視角和你基本上在同一個層面，所以看到的風景也大致差不多。除非你來到新的層次，你周圍人的狀態才可能升級。

這也是我們不太容易意識到自己的感受是一種純主觀性的體驗的原因。

◆——所有改變的前提都源於看到和接納

每個人對世界的感受都是主觀的，這感受來自「我」這個觀察者的視角，「我」是個什麼樣的人，就會看到一個相對應的世界。

當我們覺得被傷害時是覺得自己無能，當我們覺得不公平時是覺得自己弱小匱乏。當我們有力量時，是不會覺得受傷的，因為根本就不會把那些當作傷害；當確定自己強大富足時，就不會那麼需要所謂的公平，因為多一點少一點都沒關係，因為「我」有很多，即使現在沒有以後也會有。只有覺得自己得來不易，擁有的很少，才特別緊張地擔心是不是被別人分去的太多了。

所有改變的前提都源於看到和接納，當我們無法看到被傷害的故事中自己的脆弱面時，就無法真正超越這個部分。

那麼如何成長到一個新一階的自己？其中最重要的就是先徹底明白並接納現在的自己。所以**與其說是原諒那個傷害過自己的人，不如說是原諒那個故事中被傷害的自己。**

岳雲鵬對十五歲那個弱小無用的自己有著複雜的心情，和很多人一樣，對過去受傷害的自己既有同情和憐憫，也有厭惡和痛恨，就是那種覺得自己怎麼那麼沒用、恨鐵不成鋼的心情。這種心情如果換作在愛情中受傷的自己，就是覺得當時的自己怎麼那麼蠢那麼賤，受傷的故事版本各有不同，但結構都是差不多的。

所以學著感謝那些傷害自己的人，本質上是學著原諒，原諒那個人，也接納和那個人一起創造出的故事中的自己。

但在另外一個層面，我也很理解那些痛恨「雞湯」的人。一個人的成長過程中，青少年階段是最為迷茫和痛苦的。因為兒童期的視角非常簡單純粹，同時也是相對無知的，成年之後有更多的經歷和成果，因此對很多事情會更加清晰和篤定。而青少年這個階段，則是看到了很多，知道了很多道理，但卻沒有足夠的力量按照自己認為的最佳狀態行動，所以這個階段就會有很大的憤怒——對於那些總是對自己滿口大道理的人的憤怒，而更大的憤怒卻來自對自己的「知道卻做不到」。

這就是韓寒曾經說的，「我們知道了很多道理，但卻過不好這一生」。所以討厭講大道理的人的心聲就是，「道理我都懂，但我就是做不到，所以這些大道理都是唬人的，少跟我扯這些看上去很美的雞湯」。正是內心深處知道這些道理的方向是對的，所以想要這麼去做，但當下的狀況是，確實被卡住了，實在做不到。那個憤怒還在，悲傷也還在，不甘心也在，挫敗感也在，統統都在。我知道我該感激，但是我就是沒辦法感激。

這是成長中必然會經歷的一個尷尬的階段，每個人都有，我也有過。我記得我剛剛開始身心靈成長的頭兩年，看了一些書，上了一些課程。當跟家人發生爭執時，我最不高興的就是他們說，「你看看你，你還是上過課的，你還是成長過的，有什麼用，還不是這樣」，我就會真的很生氣，我會奮力還擊，結果自然就會更糟糕。

後來我才意識到，之所以那麼生氣，覺得很受傷、不被理解，最核心的原因就是在內心深處我對那個階段的自己很不滿意，因為我也很生自己的氣，覺得我已經學了這麼久了，好幾個月了、一年多了，怎麼還是會掉到自己的情緒裡，怎麼還是會掉到「坑」裡爬不出來。因為很不喜歡自己這種反反覆覆的狀態，所以當家人戳我這個部分的時候，就會一戳就中。

如果沒有持續、系統的成長，可能就會用同一個視角待一輩子。如果來到地球上一輩子，我們的靈魂和來的時候相比，都沒有進化和擴張，沒有去感受不一樣的視角和體驗，這真的很可惜。

如果你有過被傷害的經歷，先別急著強迫自己放下，去原諒去感謝什麼的，而是先感受一下在那個經驗中的自己，好好地跟那個自己連接一下，甚至去抱抱那個自己，那個對自己失望的自己。當你可以徹底接納自己歷史中的無知、愚蠢、軟弱、自卑、無能、倔強時，你再回頭看看，在那個戲碼中陪你演戲的那個人，感覺似乎也已經不同了。這時，你會發現再去放下或原諒似乎不那麼艱難了。

成長就是這樣，透過身邊的人和事來反映自己內在的狀態，再透過和這些人和解，最後和自己不喜歡的部分和解，然後去觸碰那個更好的自己。

一切都無關他人，只有自己，還是自己。

自愛力不僅僅是給這個時刻的自己，這份愛也可以超越時空，送給過去的自己。

人生那麼長，停一下又何妨

背叛我離我而去的他
欺騙我捲款逃跑的他
對我實在是過分的他

為了我
不是為了他，而是為了我
完完全全為了我

原諒他
絕不是因為他可愛
不是因為他可以原諒
不是因為覺得「他也是人……」

因為我要活下去
幸福快樂地活下去
忘掉他，過我想要的生活
因為我也擁有幸福的權利

原諒他
雖然絕不像說的那麼簡單
雖然總會感到委屈
雖然不適怒有心聲
只考慮自己
對自己是不是好的

然後決定
就算是心不聽從大腦的決定
姑且先決定
決定原諒，決定遺忘
連同，因嫌惡他而痛苦的自己
一同原諒

還要用身心努力祈禱
出聲地努力祈禱
祈禱自己能夠放手
祈禱自己能夠遺忘
完全是為了我
做這些

在某一刻眼淚噴湧著
失神般掙扎著
像要離開人世一樣痛哭一回
真的放下
那不是我放下了
而是耶穌和菩薩的愛與慈悲與我同在
把一切重新歸於圓滿
相信他們的愛與慈悲
如果現在有無法原諒的人
原諒他
為了我

——慧敏法師

你不會成為你想要的樣子，你只會成為你相信的樣子

愛自己的最高境界，就是真正明白，你是你的世界中的神。你的世界當中，所有你能感知到的事物都和你有關，你創造出了它們在你的世界中的樣子。

當然，在你沒有真正體驗到這一點時，這只是一個概念，不可能真正在你的生命中呈現出來。但至少你先看到這樣一個方向，並持續地行走，到達這裡只是時間問題。而當你真正到達的時候，時間也不再是個問題了。

每個人都有一個屬於自己的世界，因此根本不可能有一個「不變」的客觀世界存在。

因為世界是什麼樣子，需要有一個觀察者去觀察，而觀察這個動作本身就已經是參與創造這個世界的過程了。

量子物理學的奠基人之一馬克斯·普朗克（Max Planck）說：「我們必須假設，在這股力量（即我們眼中的物質）的背後存在著一個有意識和智慧的心智。」這個智慧的心智，我們可以稱之為宇宙意識。

我們對世界的觀察創造出我們所感知的世界的樣子，同樣你對你自己的觀察也創造出你自己現在的樣子。說得直接點，你是如何觀察你自己的，就會創造你成為什麼樣的人。

而你對你的原始觀察的背景最初是你的養育者奠定的，在你出生後的成長過程中養育你以及在所有和你互動的過程中，無意識地把他們對你的觀察方式，以及他們觀察到的你的形象植入你的內在意識中。

當然，他們如何觀察他們的孩子也取決於他們對自己的認同方式。

如果父母有很多無力感或者自我懷疑、自我否認，他們就會無意識地把這種視角投射到孩子身上，很容易說出「你怎麼這麼沒用」、「真蠢」這樣的話。

這些養育者日常生活中容易脫口而出的言語長期累積下來，這種能量狀態就會完全被孩子接受，並被內化成為他們觀察自己的底色。

如果每一代人都沒有覺醒，就會以同樣的方式一代一代地輪迴，傳遞相同的感覺，焦慮、恐懼、傲慢、渺小感、無力感、孤立感、被辜負、愧疚……

而最糟糕的是，他們會認為這些感受就是活在世界上本來就應該有的且無可避免的感受。

你完全相信且絲毫沒有質疑的東西，它們就會變成你世界的真相。

當你想要離開或改變某些你不想要的生活領域時，無論是親密關係、親子關係，或者金錢，或者健康，你必須先改變你自己。

◆──改變自己就是改變那些我們習慣體驗的感受

《無量之網》裡多次談到，和這個整體的宇宙意識（書裡面稱之為「量子場」）對話最關鍵的就是你的感受。你的感受會決定你的能量，而你不同的能量狀態會吸引並創造出完全不同的可能性來到你的生命中。

其實《秘密》（*The Secret*）所談到的吸引力法則的核心也是這個，但很多人都誤解了這本書和電影裡所談到的向宇宙下訂單這個部分，他們回去也學著去下訂單，要自己想要的，但是很失望地發現，這些願望並沒有實現，因此他們認為吸引力法則並不存在。他們不了解的是，當你要某樣東西的時候，你的感受是「我沒有」的匱乏感，匱乏感則會吸引匱乏。而你的感受是跟宇宙溝通的語言，還記得嗎？

所以當我們想要重新「升級」自己，去重新塑造我們的生活時，**第一步就是我們需要辨認出那些我們已經很熟悉的低能量的感受，並釋放那種感受，讓它離開**。而最難的部分就在這裡，某些感受一直跟隨著你的父母，你所生活的群體意識中也認同這些，從你有記憶起，這種感受就一直伴隨著你，因為太過熟悉，它們甚至已經成為你生命中的一部分，以致於你很難辨認出它們的存在，更不要說和它們分開了。

有覺知地透過你對各種事情的反應來觀察自己，是一個非常有效的途徑。每一個你做出的反應都帶著一些你意識到或沒有意識到的感受，每一種感受都反映出你是如何看待這個世界，以及如何認同你自己的。你找到的每一個線索都是一個碎片，最後就能慢慢拼湊出一張完整的地圖，徹底了解自己是如何以過去的狀態創造出現在的生活的。

那麼你改變那種模式的時機也就來臨了。

很多年前，有一次我去一個工作坊，那個流派叫作「知見心理學」，最早是美國的恰克博士創立的，這個流派的工作坊有個傳統，老師每天都會透過名牌來抽取一或兩個同學來做現場個案，同時在課程中所有包括助教、音控等工作人員的名牌都會放進去一起被抽取。結果那次課程的第一天，老師接連兩次抽到的個案都是當時課程主辦方的一個工作人員，而且還是同一個人。

當時我就舉手站起來，「老師，我覺得不公平。我認為應該把她，」我指著那個工作人員說，「把她的名字從抽籤盒裡拿掉，如果能把所有的工作人員都拿掉當然更好。」

老師問，為什麼？

我說：「我們這個課程有六七十個人，這個課程只有三天，每天被抽到個案的機會本來就很有限，可如果每次都抽到工作人員，對我們這些交了幾千塊錢學費的學員來說太不公平了，因為每個人都希望自己的問題可以有被關注的機會。」

老師沒有被我這套看似合理的邏輯唬住，直接問我，你現在有什麼感受？

「我，」我當時被噎住了，我只顧著義正詞嚴地講我的理論，根本沒留意到什麼見鬼的感受，「我，我……我覺得不公平。」很好，老師微笑著看著我，繼續問：「還有呢？」

還有？我的天，還有什麼，我搜刮了半天，說：「我覺得我的機會被掠奪了。」

「非常好，被掠奪的感受。」老師笑得更開心了（有什麼好笑的，我正生氣呢）。接下來老師問了我一個我從來沒有想過的問題：「什麼樣的你，會容易體會到被掠奪的感覺，什麼樣的你不會有這種感覺？」

我的第一衝動是想說，所有人遇到這種事都會有相同的感覺。可是我很快意識到，這不是真相，而我必須對老師誠實，對自己誠實，我可不想交這麼多學費還在課堂上自欺欺人。於是我很不情願地說：「覺得機會很少，而且覺得得到機會的可能性很渺茫的自己會有這種感覺。」

「所以那是一種關於機會的匱乏感對嗎？」老師問我。

我說，是的。

老師接著問我：「那什麼樣的你，或者什麼樣的人同樣碰到這個狀況，但不會有這種被掠奪的感覺呢？」

我想了想，說：「應該是覺得世界上還有很多機會，或者覺得自己沒什麼問題、不那麼需要這樣機會的人吧。」

在我回答問題的過程中，我逐漸意識到，剛才氣勢洶洶的指控其實正是我在表達自己的匱乏感和焦慮感的一種掩飾——透過聲討他人來索取更多，這種關於「我不夠」的匱乏感在很長一段時間一直都伴隨著我，時間不夠，機會不夠，金錢不夠，無論那時的我表現得多麼優秀或者多麼自信，在遇到一些事情時的第一反應已經非常直接地把我內心深處對自己的判斷表現出來了。

那種覺得不公平的感覺，就來自這份匱乏。而**當我不再把注意力用來討伐別人，而是關注自己時，這份匱乏感就被我看到了**。

而當我看到它，面對它，承認它的時候，我就擁有了重新選擇的機會。

我可以繼續認同這個部分，相信自己是匱乏的，也可以放下它。當然，放下不是僅此一次的事，而是一個不斷選擇的過程，因為那個部分可能在未來還會偶爾被引發，而我們需要做的是無數次地覺察它、面對它、放下它。能量的提升是需要不斷練習的，就像人們無意識地練習抱怨或者無助的感覺一樣，任何事情重複去做就會被強化。而你要做的是，從現在開始帶著覺知來決定你在重複的是什麼。

既然談到匱乏，就讓我們再講講不同層面的匱乏。比如很常見的，關於金錢的匱乏。

在我小時候，常聽大人們沒事聚在一起閒聊，就會說「現在的錢用起來真快啊，以前說一百塊錢拿出來就沒了，現在一千塊錢拿出來就沒了」之類的話。所以在那時我的心中就形成了關於金錢匱乏感的觀念，而且我完全沒有意識到這有什麼不對勁。

即使成年之後，已經學習了好幾年的心理課程，工作也有些成果，錢也賺得越來越多，但那些殘留的匱乏感依然還在影響我。記得有一次，我為了買垃圾袋和牙刷去超市，結果買了幾百塊錢的東西，出來結帳時，看到帳單，腦中就冒出一個聲音：「沒買什麼就又花了好幾百。」然而那一刻我的覺知立刻出現了，我想起過去我媽媽帶我去超市買東西時，每次結帳也會說類似的話。而就在剛才，這個早已內化的聲音又一次在宣告我的匱乏信念。

我知道，這種感覺並不屬於我，而我也可以讓自己擁有一種完全不同的感受。於是我馬上調整能量，帶著感激和豐盛的狀態來付帳，感激提供商品的生產者和所有的物流過程，可以讓我這麼方便地買到我需要的物品，感激這個過程中我得到的服務，而且感激我這麼有錢，可以自由地買我需要的東西。

當我以這種狀態來付帳時，我能感覺到和剛才那個抱怨的狀態是完全不同的。內在背景的改變意味著「我」的改變，而新的「我」和世界互動，就會產生完全不同的互動結果。

◆—— 破譯你的原始碼，創造一個全新的世界

再講一個關於金錢的故事。隨著我的能量越來越高，我的生活有很多巨大變化。我對於自己的能量提升和提升能量的體驗也更為重視。所以從三十三歲那年開始，所有的出差旅行我都會選擇住五星級的飯店，如果實在沒有合適的，至少也是四星。因為我知道，好的體驗對我所帶來的滋養，會使我所創造的價值遠遠超出那些費用。當然，在過

去我的信念體系中，是絕對不會這樣的，通常都會住一般的商務型飯店。因為受我的養育者的影響，會覺得「住一晚上，不能吃不能喝又帶不走，花那麼多錢划不來」。

過去我們會忽略屬於自己的體驗，而希望留下一些看得見、摸得著的實實在在的東西。而忽略了「我」這個人的感受，這種匱乏感直接造成的行為準則就是把物質看得比自己更重。

當我突破這一點，可以好好照顧自己的感受，盡量讓自己有更好的體驗時，真的就更有力量能夠突破內在的匱乏感。

有意思的是，剛開始住五星級飯店時，我發現我對飯店的服務生會比較苛刻，對他們的容忍度非常低。如果我提出的要求他們沒有做到，或者讓我等待得久一些，我就會生氣，但當我去觀察自己這個反應時，才意識到，那時依然還有匱乏感，底層藏著一個很隱蔽的想法：「住一次五星級飯店，必須有最完美的服務，才能對得起我付出的錢，否則就不值得了。」而當我觀察自己這個反應時，就發現認同這個念頭是因為不相信自己的豐盛，潛意識覺得住五星級飯店不是常態，才會這麼計較。

現在想想，覺得挺好笑的，小我的把戲真的是無處不在。一定要隨時保持警惕才行。

而當我確信自己住五星級飯店已經是一個很平常的狀態時，那種容易苛刻計較的部分就自動消失了。

如果你能常常透過觀察自己的反應探索到某個關於自己的深層信念，並能瓦解它，你就會有越來越多的自由和力量。這個過程就等於你慢慢把你創造自己世界的原始碼全部破譯出來，然後，你就可以為自己重新編一個全新的代碼，而這個全新的你就會創造出一個全新的世界來。

如果你改變世界的方式是不停地向外面要，那麼你會發現，你要得越多，你身邊的人也會因為你的這種狀態而引發他們的焦慮和匱乏感，然後你會感受到更多的失望和孤立，而這種狀態的你只會更加匱乏無力，你「不夠」的感覺就越會被強化，而這個自我形象會不斷被加固，越來越難以突破。

而且很多時候，你身邊的人不是不願意給，而是他們自己也是匱乏和無力的。你不可能要求一個連自己都不信任的人去信任別人，他們的表現當然是多疑的、擔心的、焦慮的、控制的，比如你的父母、你的伴侶對你做的那樣。不是他們不想去信任，而是根本沒有本錢可以信任。如果你持續抱有這種期待，除了把你自己和對方逼瘋不會有任何好結果。所以與其找別人討要，不如聚集方向，去尋找方法增加自己的本錢，擁有更多對自己的信心和力量感。

當我徹底意識到這件事之後，使再也不去抱怨別人為什麼不能給我那些他們「應該給的」，而是直接面對自己內心的虛弱和匱乏。

另外要非常警覺的是，我們為了合理化自己的「做不到」或「給不出來」，有時會用某一種體制、大環境或某種目前不可逆的條件限制來加強這個部分。

有時候我會喜歡看一些文章下面的留言評論，透過這些評論我會了解到當下群體意識的自我認同的階段在哪裡。

有一次，一篇文章寫的是一個剛剛生完孩子的媽媽，在不到三個月的時間，透過健康飲食和運動，讓身材恢復得非常非常好，馬甲線、人魚線，還配了辣媽和寶寶的照片。

這種勵志文章後面總會有人義正詞嚴地潑自己冷水。

比如「這要家裡有錢才可以做到」、「畢竟年輕，恢復得快」、「我家裡如果有三個保姆，我也可以」。

你看，以前他們會說，我身材走樣是因為生了孩子。現在有人告訴你身材走樣跟有沒有生孩子沒關係，他們就會說那是因為她年輕、有錢、家裡有人幫忙……

再比如，我的社群專頁裡有些文章會談到如何去做真正的自己，不要在乎別人的眼光。後面就會有些讀者留言說，「要做自己，必須先有錢才有底氣，沒錢的時候怎麼做自己」、「女人總是弱勢群體，哪有那麼容易做自己」、「身為一個男人總是有些責任要扛的」……

這些回應總結起來就是一句話：雖然我現在這樣我不喜歡，但我相信我只能保持現狀，而且永遠會找出無數的理由捍衛我的信念。

他們雖然用的理由不同，但都在表達同一種信念，那就是「我做不到」。而且這些人的自我已經和內在的無力感、否定感合而為一了，沒有絲毫的覺知把這種無力感和自我分開。所以當外部有人想要幫助他們拿走無力感時，他們不願意相信那種可能性——「我是可以的」，所以會找一個幾乎無法改變的外部條件來合理化自己的現狀，以證明自己所相信的是鐵一般的事實——「我不行」。

如果這些人沒有意識到自己的這個信念系統並改變它，那麼無論未來他們多麼努力都不可能真正達到他們所想要的狀態。於是又會試圖透過擁有一些東西來增加安全感和富足感，然而這就變成了抓取和證明的過程，而你越證明什麼，其實越代表了你內心深處認為自己不是它，所以一旦證明也就失去了。關於證明這個部分，在下一章會更詳細地討論。

借由自己面對各種事情會有的反應來觀察自己是一個非常有必要的練習，透過這種完全中立的、不帶傾向的觀察，你可以探索到很多深層信念，而且你所探索到的這些限制性信念會越來越精微和隱蔽，也越來越有難度。如果這個階段的進程受阻，找一個適合你的老師，會讓這個進程變得更快速一些。

學習的過程不是讓你努力成為別人，而是讓你有力量，成為真正的自己。而所有事情的發生都來自你相信它會發生，就像奇蹟只發生在真正相信奇蹟的人身上。人們在過去犯的最大的錯誤就是太過低估自己。**成長就是學會打開你的視野，去相信一些真正會擴展你力量的東西，重新評估這個世界，也重新評估你自己。**

保持能量的穩定和提升能量同樣重要

現在我們已經知道，提升自己的能量頻率並守護好自己的能量是非常重要的。

但在這個階段我們容易碰到的一個障礙就是，會「清醒地犯錯」。過去的你毫無覺知，現在當你來到這裡時，你已經有了足夠的覺察和智慧能看到自己的一些模式，但是卻發現，有時候即使看到了，也無法完全停下來，有股動力想讓這股情緒繼續下去。

◆——情緒是有慣性和拉扯力的

我們所熟知的牛頓定律說明，所有的物質都有引力，質量越大，引力也就越大。而我們的念頭或情緒長時間以某種特定的方式運作之後也會不斷被固化，其能量也會加強。所以一般來說，同樣固執程度的人，一個五十歲的人想要改變他的模式，一定比一個二十歲的人更困難。

所以我們要學會在情緒很精微的時候就覺知它，隨時隨地對自己的情緒保持警覺。我建議，最好不要放任這個情緒超過二十七秒。超過之後，它就「長大」了，很可能把你給席捲了。而且一定要警覺，不要順著這個情緒去做反應和決定。

覺察保持清明的功課並不需要等到某個重大事件發生才做，也不需要到寺廟或深山老林去，你每天、每時、每刻的生活就是最好的道場，一個最容易被忽略的時刻都可能是最好的時機。

一個很平常的日子，我剛剛結束了一個兩天的工作坊在家休息，已經計畫好了等孩子們去學校和幼稚園之後的安排。大女兒起床說頭痛，不想上學了，想請假。這幾天她是有點輕微的感冒，晚上睡覺時會偶爾咳嗽，然而我觀察她，走路輕快，食欲不錯，遠遠沒到需要請假休息的狀態。

我試著說服她，告訴她沒關係，這個樣子是可以去學校的，但女兒還是不願意。我知道她可能是有點不舒服，同時也想找這個理由在家偷偷懶，休息一下，我可以理解，但我也有些為難，如果她請假在家，我今天原本的計畫就要被打亂，只能留在家裡陪她了。女兒一直求我，我說那就留在家吧，看看等一下情況怎麼樣，再考慮什麼時候送你去學校。女兒暫時同意了，安靜下來，然後乖乖去吃早餐。

我打了通電話給她的班導師請假。先生起床之後，我跟他說了這件事，先生皺了皺眉頭說：我上午有事要辦，你剛上完兩天課不是想上午去跑步嗎？怎麼陪她？你看她的樣子，哪有嚴重到需要請病假的程度，跟她說還是去學校吧，晚點去也可以，不然今天一天什麼事都做不成了。

我跟女兒轉達了爸爸的意思，女兒很失望，不同意，堅持想請假，我試著說服她，女兒的聲音開始帶著哭腔：「媽媽，拜託你，我今天真的不想去學校。」看著女兒拖著我的褲子坐在地上耍賴的樣子，我發現自己已經有些煩躁了。

我意識到，我對正在發生的事情有抗拒，因為現在發生的事情和我的預期不同，而我還在執著我頭腦中的計畫，開始用頭腦對抗現實，在剛才我開始生女兒的氣，因為她的行為和我的預期不符，而在那個瞬間，我對她的愛和對自己的愛就被阻礙了。在剛剛那一刻，我忘記了我一直教導別人的：發生的就是最好的。

然後我決定重新選擇自己的心情，馬上調整了自己，不再和眼前正發生的小事對抗，放下了頭腦中原來的計畫。於是我對女兒說，好，那就在家休息半天，中午去學校可以嗎？女兒非常開心地答應了，並親了我一下。

我再次回到愉悅的狀態中，先生帶著小女兒出門之後，我留在家裡陪大女兒。既然原計劃的跑步無法實現，那麼正好利用這個上午在家的時間把一直拖的稿子寫完。大女兒在旁邊看書、看動畫片、吃零食，自得其樂，而我在旁邊打字，喝著咖啡，聽著音樂。女兒呼喚我時，我就開開心心地把東西拿給女兒，或者和她閒聊兩句，抱抱她，親暱一下。

我非常愉快和享受，我很確定，在這一刻體驗到的喜悅和按照計畫去跑步所體驗到的喜悅是一樣的。我沒有被突發事件帶走，我在每時每刻都留意我的內在狀態，不縱容自己掉進慣性反應中，隨時做選擇，把自己的愉悅感放在第一位。

你應該也有過這種體驗吧？你期待一個小時能開車準時到達約定地點，可是平時幾乎不怎麼塞車的時段在今天卻奇塞無比。你嘀咕著「真是見了鬼了」，開始擔心自己會遲到，然後開始持續焦慮，你很煩躁，開始抱怨交通，甚至抱怨政府的無能，抱怨出門時伴侶磨磨蹭蹭讓你出門晚了。這一刻你的心情變糟了，這是顯而易見的，但你卻完全不在意，不去把注意力收回來放在自己的心境上，不去觀察自己的念頭和情緒。

大多數人沒有習慣去思考自己正在抱怨的語言或者正在考慮的念頭對此刻心境是否有用，對現有的情況能否有改善，很多人只是本能反應。因為人們覺得這樣小小的壞心情太平常了，每天會在自己的生活中出現好多次，**你已經習慣時不時掉到這種小劑量但高頻率的壞心情裡，甚至把這種狀態理所當然地認為是生活的常態。**

很多時候我們會莫名地急躁，急著把這件事做完趕著去做下一件事，但問題是做下一件事時真的能比做眼前這件事更讓你開心嗎？我們只是被焦慮和急躁的人格背景長期籠罩，沒有覺知時就會認為是別的事情和所相處的對象帶給我們這種感覺，實際上創造出這種感覺的卻是我們自己。

越是對自己的情緒不敏感的人，內在的狀態就越不穩定，情感就很容易被身邊的人、事、物影響。當自己的穩定感很弱時，我們就會期待身邊的人或事穩定，永遠在某種「順利」或「正常」的範圍中運行。越多期待就會引發越多的失望和隨之而來的糟糕情緒。

這樣的壞心情可以被很多很多事件引發：約會的人遲到、新的髮型不好看、同事漠視了你所做的工作……甚至吃飯時濺了一滴醬汁到衣服上，說出一句話但身邊的人完全沒給你期待中的反應，都可以導致你壞心情的爆發。

如果連這些更小的事情你都允許它來影響你，沒有任何的自我覺知，對自己的生活不滿意，卻期待熬過這些「艱辛」的小日子，等待著某個大日子來改變自己的生活，那麼最終你會發現，那些你渴望翻轉你人生的大事，永遠也不會來到。因為正是我們每時每刻面對小事時所做的那些選擇，最後決定了我們是一個什麼樣的人，決定了我們生活色調的層次。

所以那些你不希望發生的「大事」的到來只是來提醒你，你需要對自己做一些改變，你需要成長了。而你對於這種提醒越不敏感，那麼來到你生活中你不喜歡的事情就會越頻繁，也會越重大。

對待細微事務的態度才是影響感覺的關鍵

很多人說我想要平靜和喜悅，但是他們往往只能保持三分鐘：

電話響了；

帳單快逾期了；

他們說還需要更多錢；

已經約好的客戶臨時有事取消了簽約；

丈母娘駕到；

有人在指責這都是你的錯。

瞬間你的平靜和喜悅都消失了，在那一刻你失去了覺察，你忘記了你擁有選擇的權利。學會在每一個當下保持覺知，不要被事件帶走，不要縱容情緒的蔓延。只有這樣你才可以真正獲得自由。

所以如果你總是忽略那些應對小事時的選擇，只是做些本能反應，忽略你的成長，忽略讓自己在任何小事發生時都要保持愉悅，而總是允許那些熟悉的壞心情侵蝕你——

最重要的是你甚至未必能意識到你正在被壞心情侵蝕，因為這種感覺太微弱並且太熟悉了，微弱造成忽略，而熟悉帶來習慣，習慣變成麻木，那麼這些小事的發生帶給你的感覺就變成你生活中整體感受的基調。

我們生命的品質是每一個此時此刻的小事累積起來決定的，如果你的目標是快樂的人生，那麼請先學習在所有的小事裡都可以體驗到快樂的能力，如果你的目標是自由的人生，那麼請在所有的小事中去創造自由的感覺。

我們並不需要大刀闊斧地調整生活來讓自己覺得擁有了一個較好的人生。快樂，是你面前一而再、再而三出現的選項，從現在開始，把你希望享受的開心活動放在待辦清單的最前面，將自己的快樂視為優先事項。

學習對讓你不開心的小情緒保持敏感，不要輕易地忽略它和縱容它。

學會照顧自己的感受，為自己的感受負全責。

最重要的是，記得讓所有正在發生的事情為你的快樂服務。你才是你的世界裡最重要的人，你生命中的每一個最微小的時刻都是值得被細心呵護的。

雖然我們生活在同一個地球上，但每個人卻擁有完全不同的世界，所有我們能觀察到的對象，並沒有一個絕對的客觀不變的存在。而量子物理學的奠基人海森堡發現了一個著名的量子現象，也就是被觀察的對象會被觀察者所影響，稱為「海森堡測不準原理」（Heinsberg's Uncertainty Principle）。這就是說，不同的觀察者以不同的觀察方式所得到的觀察結果會有所不同。

舉個簡單的例子，如果你想測量杯子裡水的溫度，那麼就需要用溫度計，而當你把溫度計放進水裡的時候，溫度計本身的溫度就已經改變了水的溫度了，雖然這個影響可能很小，但依然是存在的。然而在量子世界這個微觀領域中，這種影響就顯得非常大了。

我們生活的宏觀世界是由無數的微觀量子組成的，所以量子領域中的變動同樣隨時隨地存在於我們每天的生活中，只是我們自己是否能感知到。

所以說你永遠不可能活在客觀世界裡，你只能活在你自己的世界裡。而你的世界是什麼樣子，是由你的觀察方式所決定的。

就像在前面提到過的，我們對自己的觀察是很容易有很多盲點的，就像眼睛能看到外面的東西，卻唯獨看不到它自己，眼睛想要看到自己必須借助於鏡像。所以，我們也很難觀察到自己的所有信念系統，只能借由生活中和我們互動的人或事來自我探索。

因此，幾乎所有的身心靈老師都會告訴你，你的關係就是你的鏡子，你的關係模式就是這樣的你創造出來的。這個部分，在前幾章已經講過，就不在這裡展開了。在這裡我們來談談你對這個世界的觀察方式。

◆── 你的注意力在哪裡，你的世界就在哪裡

很多人會感受到生活的凶險和艱辛，而他們也確實遭遇了一些事情體驗到這份艱辛的真實度，例如意外、被欺騙、殘酷的競爭等等。然而他們很難意識到這些發生的事件是由他個人的信念系統所創造吸引過來的。而這些信念系統早已根植於整個群體意識中，已經非常堅固了。

我們小的時候，長輩親戚和老師們就會告訴我們一些這個世界的「真理」。比如「花無百日紅，人無百日好」、「樂極生悲」、「人生不如意十之八九」……

在我三十歲之前，我從沒質疑過這些信念，甚至我都沒有意識到這只是一些信念，那時我認為這就是對這個世界的真實描述。

後來我逐漸意識到了這些信念的存在，以及更為清晰地看到我是怎麼在這樣的認知基礎上來展開每天的生活的，又漸漸更加能夠從這些制約中擺脫出來。

在我三十三歲那一年，我有將近兩個月的時間完全活在純然的喜悅和寧靜之中，在那段時間，我幾乎心想事成，任何事只要動個念頭，所有相關的資源、人或事就會來到我身邊。我想開悟的狀態大抵就是如此吧！

那個時期，所有的事情都變得異常順利，而我的精神狀態也出奇的好，原本一天至少要睡八小時才能勉強不會太疲憊，在那兩個月中我每天只睡四五個小時就足夠了，而且每天神采奕奕、靈感湧動，做事的效率奇高。

就在這種狀態已經持續了一個多月的時候，我內在有個聲音突然冒出來，小聲地鬼鬼祟祟地說「這太不正常了」、「這好奇怪」、「你不可能永遠這樣」……

我很快注意到了這個聲音，並意識到這是過去殘留的信念系統想要死灰復燃，我馬上把這個念頭放下，不跟它糾纏。但它依然對我產生了一些微弱的影響，我內在有個部分有那麼點認同這個聲音說的話，所以那種狀態在十多天之後就慢慢消退了。但是我知道這兩個月的體驗，已經讓我的整個能量狀態來到了一個前所未有的高度。

並且從那以後，我真正擺脫了那些曾經深信不疑的限制性信念。開始以一種更自由、更多元的方式來感知這個世界。就像量子物理所發現的那樣，所有的次原子都同時可能在任何地方，當觀察者去看它時，其他的可能性就會坍塌，被觀察到的那個位置就呈現出來。我真正了解到，那些信念從某種角度來說是真實的，但只對於那些真正相信它們的人，它們才是真實的，而它們永遠不會再成為我世界的真相了。它們只成為一種潛在的可能性，當我不以那種特定的觀察方式去觀察它時，那種可能性永遠也不可能成為我世界的現實。

其實對人的觀察也是如此，一個人身上有無限的可能性，有極善的部分，也有極惡的部分；有有力的部分，也有無力的部分。當你和他們交往互動時，你內在深處的信念系統會在你無意識的情況下參與你和他們的相處模式。

例如：「人心叵測」、「沒有永遠的敵人，也沒有永遠的朋友」……

你所抱持的某種信念，會決定你以某種特定的觀察狀態和他們互動，而這個過程就會激發人們在你面前呈現出某種你所相信的特質。如果你是一個願意開放自己視野的人，就會發現同一個人，和自己相處的時候以及和其他人相處時會表現出完全不同的兩種樣子。因為觀察本身就是創造，這個原則不僅適用於量子領域，也適用於我們所感知到的宏觀世界。

◆── 想要改變外部世界時，必須先改變內在世界

古往今來所有上師的教誨都指向一個方向：你所感知到的世界，全部是你內心的映照。就如張德芬老師說過的那句耳熟能詳的話：「親愛的，外面沒有別人，只有你自己。」

你是你世界的創造者。當你想要改變你的外部世界時，必須先改變內在世界。我們

自己時刻保持在高能量的狀態，能量越高，那些低能量的信念碎片就會越容易被我們辨識和摒棄。而能量越低，我們就越容易認同那些低能量的（被恐懼驅動的）信念系統。

管理能量要先從管理我們的注意力開始。關注你所看的、聽的、說的，甚至心裡想的，覺知到你的每一個起心動念。學會去關注那些只對提升你能量有幫助的事情，把你寶貴的注意力放到那些美好的高能量的事或人上。

關掉你電腦螢幕彈出的那些會降低你能量的小視窗。不要看那些充斥著陰謀、不斷放大人性陰暗面的影視作品。這些資訊的攝入都會讓你與之相關的信念系統被強化，並呈現在你的現實生活中。

留意你會點開什麼標題的新聞，最好少看或不看網路新聞。無論是明星的八卦故事還是普通人的故事，同一個故事，不同人來講述，會有截然不同的版本。

其實看娛樂八卦新聞，在我看來唯一的作用就是篩查內在信念系統的練習，你相信什麼就會得出什麼結論。

因為我們內在的很多信念都是彼此矛盾、相互衝突的。每個人在看這些花邊新聞時，都會在裡面尋找證據，以論證自己生活中所經歷的故事的合理性，並用這些名人的故事來安撫自己的無奈感或罪惡感等負面感受：「你看，連名人都這樣，我的生活也會這樣，這很正常。這個社會就是如此。」

一旦你為自己的生活中那些不喜歡但又無力改變的部分找到普遍性和合理性的支援時，這些部分就真的沒有機會改變了。

因為你的觀察視角決定你再也不可能看到例外的故事，那些其他的可能性都被無意識地隔絕了，因此也就失去了改變的希望和機會。

何況，那些終究只是別人的故事，和我們沒有半點關係。當你用別人的劇本來演自己的生活時，你生命劇情的方向就被你使用的劇本限制了。把主導權拿回來，寫好自己的劇本才是最重要的！

不要縱容自己關注那些狗血的八卦故事，那對你沒有任何幫助，更不要讓自己陷進去，參與討論它們。如果你的同伴在吐槽和八卦別人，你可以參與進去的唯一狀態就是你評估你能否引導他們從這種「受害狀態」或者「優越狀態」中離開，如果你目前的能力和能量尚無法支撐這個目標，那麼就離開這個對話，或者透過提問或表達真實想法的方式來把話題轉移到一個對大家成長有利的方向。

當然，也有可能你的朋友根本就不想停下來這種低能量的談話，而且一旦不說這些，他們就無話可說了。如果是這樣，你可以考慮避免和這樣的朋友見面。也許你會擔心如果這樣你會失去朋友，但是你需要慢慢適應這個成長的過程。

在你快速成長的過程中，確實會有些朋友願意被你影響，並和你一起成長；而有些朋友則選擇停留在原地，繼續原來那種生活。那麼你並不需要強迫他們一定要跟上來，每個人都有屬於自己的節奏和選擇的權利，也許這條成長之路上，有些朋友會慢慢脫落，這很正常，因為能量已經無法共振了，自然就會分離。很快，你就會遇見那些和你當下的能量狀態相配的新夥伴。你會發現你的世界就這樣轉化成全新的了。

當你意識到這些時，你就會發現，你已經開始了你生命的第一次翻轉。恭喜你！

Chapter 6

和這個世界談戀愛

◆那些看起來的「平靜」，
並不是來自內心的強大，
而是來自內心的封閉。

越證明越失去

當人們在說「莫忘初心」時，到底在說什麼，那個初心是什麼？其實初心就是最初那個你在能量最高的時候，也是最接近自己本體的時候的起心動念，以及跟隨這個起心動念而來的美好感受。

就好像我最初喜歡畫畫只是純粹的想畫，並沉浸於畫畫時的美妙感受，但慢慢地身邊的聲音不斷催眠我：「做個純粹的藝術家是會餓死的，沒辦法找工作」、「你要選好找工作的藝術類科系」、「你考試要考到前十名才比較保險」……

在這個過程中，我失去了最初的純粹，忘記了初心，遺失了那份美好的感覺，這個行為所帶來的體驗就不再美好，而是競爭、壓力、枯燥、疲憊、焦慮……從某個角度來講，我認同了周圍的那些聲音，把畫畫變得功利了，也可以說我允許這份初心被污染了。原本畫畫是可以為我的本體服務的，結果變成為小我服務了，而在這個過程中畫畫的樂趣也就消失了，於是我大學畢業後再也不想拿起畫筆。

很多人在實現夢想的過程中沒有守護好自己的美好感覺，不知道從什麼時候開始把夢想變成向父母、家人證明自己的手段。

我有一個十九歲的姪女在英國留學，她有個很大的夢想是希望在留學期間自己拍一部微電影。有天凌晨，她在通訊軟體告訴我，她最近很焦慮、狀態很糟，希望得到我的支持。

我：你為什麼想拍這個微電影？

姪女：因為我要圓自己的夢想。拍電影可以提高我整合資源的能力和創造力。

我：為什麼一定要拍微電影呢？很多其他事也能提高整合力和創造力啊？

姪女：因為我喜歡，而且一直想做。我非常想做這件事，而且我當時想學編導而受到家人打壓時就很想拍，但自己的魄力毅力不夠沒有堅持，現在我已經進步很多了。

我：既然是做自己喜歡而且一直想做的事情，就好好去享受、去做就好了。

姪女：但我就是很害怕不能完成，怕自己做不到。

我：想做是給自己的，想做到，就有證明給別人看的成分。

姪女：對，我想證明，我清楚。我要證明給當初反對我學編導的家人看。

我：那就問自己，如果沒人看，還想不想做。

姪女：想。

最後我告訴她，那就回到最初想做這個事情的感覺裡，不要掉進證明的陷阱裡，這條路是沒有止境的，會像籠子裡的倉鼠一樣，停不下來。

就像前面提到的做飯的媽媽A，初衷都是對家人的愛，但是做著做著就變成了付出和證明、責備和索取，家務這件事就變得艱辛和疲憊，而最初的愛和幸福的感覺也慢慢消逝了。

還有一些人的動力不是向重要的他人證明，而是向非重要的他人證明。我有一位朋友每天用十個小時工作，幾乎沒有娛樂，陪伴家人的時間也少得可憐，總是一副急匆匆、忙忙碌碌的模樣，他的事業這幾年來也總是起起伏伏。他總說自己時運不濟，不懂得像那些人一樣「耍手段」。

我知道根本不是努力的問題，而是他做事情時心念不純粹導致了他的努力和回報不成正比。他總是跟風模仿，看什麼賺錢就去做什麼，但卻從來不明白自己真正想做的、擅長做的是什麼。他關注環境多於關注他做的事，關注競爭對手多過關注自己，也很少去感受自己。

他跟我說：「我現在不得不逼著自己更優秀，因為身後許多賤人等著看我的笑話。所以我要對自己狠一點，逼自己努力。」

但事實上別人對我們的態度都是我們自己教會別人的，如果沒有過看別人笑話的心念，是吸引不來看自己笑話的人的。

「我執」心太強，就很容易被外部的人、事、物影響

證明的能量會激發出別人也想要自我證明的動力，進而創造出競爭、緊張的關係。

我有一位女神級的朋友，企業做得非常不錯，人也美得跟電影明星一樣。我每次見

到她，她都是最精緻的妝容、最貴婦的行頭，走在大街上絕對是儀態萬方、引人注目的。同時，無論是在電話中還是面對面交談，她總會把「我們好久不見，我最近很忙，剛剛投資了一個近千萬的大項目」、「我昨天剛從美國回來，什麼時候約出來見見吧」、「下個星期沒辦法一起去游泳了，下個星期我要去上海出差，接著可能還要去趟巴黎」這些話掛在嘴邊。

後來我發現我每次和這個朋友約見面的時候，準備出門的時間都特別長，我會花更多的時間挑選衣服、更多的時間化妝、更多的時間弄頭髮。談話間，也會不留痕跡地表現自己，心裡暗暗較著勁。我留意到，幾次和對方見面或通話之後，我都感覺到自己能量下降了，心境也不如談話之前喜悅平和。

我意識到我內在有個想和對方競爭、不想被對方比下去的動力出來了。**我的小我被別人的小我勾出來，玩著彼此證明的遊戲**。就像艾克哈特在《一個新世界：喚醒內在的力量》裡談小我的時候說的，小我就像人們養的小狗，當你把你的狗牽出去的時候，如果對面也走來一個人牽著狗，兩隻狗會迅速認出對方並彼此糾纏。

小我也是佛家說的「我執」，沒有「我執」心的人都是很有力量的，他們很容易就可以做到不卑不亢、不以物喜不以己悲。「我執」心太強時，就很容易被外部的人、事、物影響，患得患失。這時候就會失去力量，偏離了自己的中心，離本來的自己越來越遠。

而事實上我這個朋友身上是有很多很棒的特質的，堅強、獨立、勤奮、好品味……這些都是我欣賞的，當我想要自我證明的部分被勾出來之後，就忘了最初和這個朋友親近的原因，反倒掉進和對方比較「誰更美、誰更厲害」的把戲中。

後來我學著放下證明的動力，每次見面讓自己更輕鬆自在，怎麼舒服怎麼穿，真心地欣賞她、支持她，而她也逐漸卸下她的「鎧甲戰衣」，我們在一起時，彼此都更能夠滋養對方了，她也說「每次穿成那樣真的很累，都是給別人看的，還是這樣舒服」。

◆完全專注於當下時，力量是無限的

每個人都有很多的小我，相處時一不留心，小我自我證明的動力就被別人勾出來，一旦玩起了這個遊戲，就會上癮，會無法停止地一直玩下去。而且不論何時何地只要想玩，你一定能找到對這個遊戲樂此不疲並且棋逢對手的人。但如果你決定不玩，不管身邊誰來勾你，這個遊戲都玩不起來。

我們身處的環境有很多污染源，有時我們自己也是污染源。

當我們護持好自己的初心，只是純粹地去踐行自己的夢想時，是絕不會有艱辛的感覺的。好萊塢著名導演史蒂芬史匹柏說，即使是在剛剛入行時他也從沒感覺到過任何疲憊，每天早上都早早起床，為今天要做的事情興奮得睡不著覺。

真正的夢想來自我們的天賦，那是一種不得不做的感覺，我認識一位非常棒的作家說，她寫的東西好像都不是她自己寫的，是那些文字自己流淌出來的。就像知名創意人李欣頻說的，非寫不可，不寫會死。我也常常有這種感覺，我常把我寫文章比喻成母雞要下蛋，有時候感覺到內在有些東西要寫出來，如果找不到時間寫出來會覺得難受，終於抽出時間寫完之後，就會有一種酣暢淋漓的感覺。

如何讓你在做事時更有熱情？其實很簡單，就是不為那個結果而做，而是在做的當下就讓自己非常享受。從更深的意義上來說，那種純粹喜悅的狀態甚至不是你做的那件事帶給你的，而是你內在投注在這個事情的方式所決定的。

當你在做事的過程中完全專注於當下時，力量是無限的，不覺得辛苦並且非常享受，也能輕鬆地在很短的時間內拿到一些成果。因為一開始這件事就不是為任何人做的，而是內心一股湧動的原始動力。

後來我的姪女跟我說，當她放下想要向家人證明的念頭時，自己的狀態變得很好，突然一切都變得順暢起來。

夢想裡蘊藏了我們天賦，那是我們來到這個星球的目的。有時不是你選擇了你的夢想，而是夢想選擇了你。我們來到地球上是為了給出自己的這份禮物。

當我們不把從內心迸發的夢想變成小我自我證明的工具，而只是純粹去享受它，借由實現夢想的過程重新認識自己時，全世界都會來支援你。

真正成熟，就會對世界充滿希望和熱情

很多時候，人們說「看透了」，其實只是「放棄了」。

「成熟」和「麻木」看起來有很多相似的地方，所以很多成年人會把自己的「麻木」當作「成熟」。他們會拍著九〇後的肩膀說：「年輕人，你到我這個年紀就知道了。」他們安慰身邊的朋友時常用的語句是：「男人／女人就那麼回事」、「婚姻都是這樣」、「這個社會就是這樣」……在說這些話的時候，彷彿他們已經參透了人生，儼然已經是位大師了。

◆—— 所有對外部的失望都源自對自己的失望

當這些成年人認為自己看透時，確實會有些證據。因為真的，他們的心境是波瀾不驚、沒有起伏的。與初出茅廬的氣燄外顯、晴雨不定的年輕人相比，他們確實看起來更平和穩定一些。他們很難再感受到憤怒、痛苦、無力、悲傷、失望……

但其實這是一種潛意識的策略，為了避免那些不好的感受，他們寧可把自己的「感受」這個功能徹底閹割掉，所以**那些看起來的「平靜」，並不是來自內心的強大，而是來自內心的封閉。**

這是一種用來避免痛苦和那些所有讓自己不好的感受的方式，就好像為了避免陽痿早洩的苦惱，乾脆直接把自己閹割掉，這樣就再也沒有性功能障礙的問題了。因為沒有希望就沒有失望，當然最後就什麼都沒有了，所以他們也不會感受到熱情、好奇、興奮、希望、激情、喜悅……他們什麼感覺都沒有。是的，什麼都沒有！

我們對外部所有的失望都是來自對自己的失望，這種對自我的失望通常是很隱蔽的，除非有足夠的勇氣去面對，否則很難被覺知。

因為你是不可能對你有信心改變的事物憤怒的，當你有信心改變時，你會直接行動。當我們內心深處被無法改變現狀的無力感填滿，又沒有力量去面對這份無力感時，就會下意識地掩飾它。

掩飾它的方式有兩種：攻擊或者逃離。情感表現為憤怒（批判）或冷漠（不在乎）。電影《心靈捕手》中的威爾用的方式就是後者，總是表現得玩世不恭、無所謂、不在乎，雖然擁有無與倫比的數學天賦，可以輕易解算出最好的大學的高材生都無法解答的數學難題，但是他卻只願意做清潔工或者建築工人這樣的工作。因為他的童年有過創傷，他內心有深深的自卑和無力感，卻一直不敢面對自己的這個部分。所以他一直自我放棄，躲在安全和熟悉的地方，害怕做出改變，害怕更優秀、更成功、更親密。

當威爾的女朋友邀請他一起去加州時，這是一份承諾，一旦共同走進這個承諾，關係就會更進一步，更親密的同時意味著更多的自己將被暴露出來，好的壞的，都可能被對方看到。所以這時威爾害怕了。

他說：「如果我們去了加州，一個禮拜之後，你可能會發現不喜歡我的地方。於是我跟不愛我的人困在加州，而她希望她沒說過這些話，卻無法收回。」

女友說：「不，我不會收回的，我希望你和我一起去。」

然後威爾堅持說不能去，並使用了兩個蒼白無力的拒絕的理由。

雖然和威爾相比，這個女孩的內心有力量得多，但也不是金剛不壞之心，她有些受傷：「如果你不愛我，就應該直接告訴我。」

然後他們爭執了起來，女友看透了他，說：「你別把你的害怕推到我身上。」

威爾說：「我怕？我怕什麼？」

女友：「你怕我，怕我不愛你。但你知道嗎，我也怕！但我想試試看，至少我誠實面對。」

他們彼此都刺傷了對方。而當時的威爾也沒有準備好把自己的心打開來面對自己的這一切，所以他最後冷漠決絕地離開了。

影片的最後，威爾終於找回勇氣面對自己的恐懼，同時決定離開原來的地方去加州找回女友，並面對全新的生活。當然他身邊的三個守護者也是至關重要的——心理治療師尚恩、他的好朋友查克和女友。每個人都在關鍵時刻給了他力量、愛和陪伴。這是一部非常棒的電影，非常值得推薦大家看看。

在愛情中，我從來沒有被別人甩過，幾次戀愛的結局都是我主動提出的分手。很長時間裡這個記錄一直讓我引以為傲，直到當我經過足夠長的自我成長和自我探索之後，我才發現我內心的恐懼和對那份恐懼的掩飾。因為我內心深處非常害怕那種別人會離開我的感覺，為了避免這種被「拋棄」的感覺，在每段感情中，只要我感受到一點點對方的心遠離我了，我就會先提出分手。目的很簡單，只要在別人拋棄我之前，先拋棄對方，這樣我就不用體驗被別人拋棄的感覺了。

◆ 勇士敢於面對自己的恐懼，而懦夫會否認和粉飾它

幼兒對世界的各種美好感覺，是經不起任何動盪的，單薄脆弱的美好，是幼稚的童話般的幻想。很多人會把這種幼稚的幻想帶入成年之後的生活，幻想完美的愛情，一個完美的伴侶，就像白馬王子或白雪公主。

這是一種在生命初期的基礎原型，這個原型很好，保留得越完整對日後人格的形成

也越有幫助。但這個原型意識是脆弱和過於簡單的，且只適用於孩童階段。

當孩子們長大後，他們會發現這個世界並不是自己想像的那樣。期待的東西得不到，願望會落空，別人沒有以他們期待的方式回報他們的善意……他們都會感到失望。這是成長必須經歷的過程，這些經歷不宜過早，也不宜太晚，在三到十八歲之間有大量不同程度的挫敗感需要孩子們去體驗。

這個時候父母需要保有高度的覺知及智慧，就可以分辨出什麼時候該保護，什麼時候該放手。同時要警覺的是，父母不需要人為製造出這種失望，那就變成了一種控制，養育者需要做的只是順隨事情自然發展的節奏就好，並在孩子失望、悲傷時給予陪伴。這種接納和支持可以給予孩子更大的力量，放下對他人的期待並發展自身的力量。

所有的體驗都是兩面的，當你想明白善是什麼的時候，必須同時明白惡是什麼，要懂得什麼是美，必須先要明白醜，要懂得更高層級的美必先要超越更高層級的醜。進化就是彼此交疊遞進的過程。

其實每個人在成長的過程中都會面臨許多失望無力的感覺，有的是步入社會之後感受到的，有些可能經歷得更早一些。這種失望與之前相比是一種成長，因為你看到了世界不同的面向，你看到了人性的多面性。但是你不能在這個階段停止，然後說，我知道了，這個世界就是醜的。這不客觀，也不真實，就像說這個世界是純粹的美一樣不真實。

曾經的我其實和威爾一樣都是害怕全情投入被傷害的懦夫。其實誰不會害怕呢？當面對新的未知的事物時每個人都會害怕，哪怕是那些看起來非常有力量的人。但勇士和懦夫最大的區別就是：勇士敢於面對自己的恐懼，而懦夫會否認和粉飾它。

拿出勇氣真實地面對自己

該面對的功課，總是要面對的，根本無處可逃。

雖然我在愛情領域成功避免了「被拋棄」的感覺，但是在工作領域卻無處可逃。

二〇一二年我父親胃癌復發，當時我的狀態非常不好，公司也面臨很多問題，而在這個時候我唯一的共同創辦人竟然跟我說她要離開公司。當時我簡直如五雷轟頂，心都快碎成渣了。但是過去要自我掩飾，希望表現得理智成熟的社會人格模式馬上就啟動了。於是我強撐著表現出很平靜的樣子，還擺起老師的架子，沒有挽留，只是說如果這真的是你想清楚的，那好吧。雖然說這些話的時候，我的心簡直都碎成渣了。

好在我們真的有很深的連結，而且我真的覺得為了面子而放對方離開，這個代價實在太大了，我承受不起，也沒有必要承受。後來又約對方談，這次我終於不再強裝鎮定，而是誠實地暴露自己的脆弱，告訴對方我真的很需要你，你要走，我很傷心難過。

我的合夥人這才告訴我，其實她並不想走，她只是感覺自己不重要，似乎沒有在公司發揮價值，說出想離開的話只是希望我開口挽留她。結果當時我那麼快就答應了，她也非常難過。很幸運我們沒有分開，直到現在我們都是默契十足的事業夥伴。

◆——越是不敢面對，無力感就越真實

其實很多關係都是如此，很多時候我們做出那個離開的決定（心理的疏離或實質的離開）都是為了向對方證明自己的堅強，證明自己「可以不需要你」。

我們表現出憤怒、攻擊，或冷漠、不在乎，以避免那些受傷的感覺。而真正想迴避的是更深層的、藏在受傷背後的無力感和「我不夠好」的感覺。

可是我們越不敢去面對，這種感覺就越真實，我們就會越恐懼它。雖然這種「我不

夠好」的感覺是一種幻覺，但是當我們不敢去面對時，它就可以控制我們。就像害怕想像出來的藏在衣櫥裡面的怪獸，雖然那怪獸是你想像出來的，但是只要你不打開衣櫥的門，那種恐懼的感覺對你來說就是真實的。

有時候，光是有勇氣面對本身，就會帶來巨大的突破了。

我真正突破這個主題是在二〇一五年年初，那是很平常的一天。公司辦完一個活動已經有些晚了，我和一個同事一起坐地鐵回家，他是我非常器重倚賴的公司核心管理人員，聊著聊著，他突然面色嚴肅地跟我說：「周梵，有件事要告訴你。」我心裡「咯噔」一下，有不好的預感。果然，他告訴我，有一個他認識很多年的大哥，公司做得很大，有二十多年了，打算重新成立一家網路銷售公司，邀請他去做總經理。新的辦公地點比現在到我們公司的車程少一個小時。一個錢多、職位高、離家近的新工作邀請，這太有誘惑力了。那一刻我的感覺糟透了，但我還是忐忑地、不死心地問他：「你決定了嗎？」他說：「基本上已經決定了。」

晚上十點了，我們走在地鐵站裡，人很少，我能聽見自己的皮鞋在冷清空曠的空間裡摩擦地板的聲音。我知道他的離開已成定局，我很清楚地知道，這對他是個好機會，我應該祝福他，我可以表現得強大而得體，但我必須很誠實地面對我自己的內心，那份失落和無力的感覺是真實存在的。而這次我不想再消耗能量去隱藏和偽裝了，我不想再把那個熟悉的堅強的面具繼續背在身上了。我必須拿出勇氣真實地面對自己！

我們在地鐵口停下來，我告訴他：我知道我應該祝福你，但我真的很難過。話剛一出口，眼淚就流了下來，這一次，我沒有把它憋回去，我抱住對方：「我一定是讓你失望了，而且肯定是失望過很多次。」

他的眼眶也有些紅，我知道做這個決定對他來說也不容易。我一邊擦著眼淚一邊笑，好吧，我一直在逃避被拋棄的感覺，逃避那種因為我不夠好而留不住我想留的人的感覺。在感情層面我逃開了，結果在工作層面還是要面對。該做的功課都是要做的。

而當我可以承認這些、面對這些時，在那一刻我突然感受到我內在有某種力量甦醒了。那個比強裝堅強的自己和自我懷疑的自己都更偉大的部分，那個超越過去自己所認知的更有力量的自己誕生了。

◆—— 忘掉你所知道的一切，去體驗無數種可能

我們的靈魂來到地球就是來體驗自己的偉大和力量的，但是那之前我們必須先有勇氣面對自己的渺小和恐懼。不要因為害怕受傷就假裝自己不在乎，假裝自己明白那些自己根本沒有體驗過的事。

所以，不要輕易說出對這個世界「看透了」，這是非常危險的，這個世界在塑造你，你也在塑造這個世界。當你在限制這個世界的可能性的同時，也在限制自己的可能性，你會一生都活在自己狹隘的認知裡，以為這個世界就是自己所看到的那樣。

電影《奇異博士》的臺詞，說出了我在課堂上一直在表達的觀點：

「忘掉你所知道的一切。」

「想知道你在我眼中的未來是什麼樣子嗎？無限的可能。」

保持尋找答案的勇氣和熱情，用心去體驗，去愛，去行動，去嘗試，去探索自己和世界，不斷把自己代入新的次元。這樣你才不會浪費這張來到地球的珍貴的入場券！

最後送給大家《心靈捕手》中心靈導師肖恩對威爾說過的一段經典臺詞：

如果我問你藝術，你可能會提出藝術書籍中的粗淺論調。有關米開朗基羅，你知道很多，他的滿腔政治熱情，與教皇相交莫逆，耽於性愛，你對他很清楚吧？

但你連西斯汀教堂的氣味也不曾嗅到？你未曾站在那兒，昂首眺望天花板上的名畫吧？可是我見過。

如果我問關於女人的事，你大可以向我如數家珍，你可能上過幾次床，但你沒辦法說出當自己在女人身旁醒來時，那份湧自內心真正的喜悅。

你年輕彪悍，我如果和你談論戰爭，你會讀起莎士比亞，朗誦「共赴戰場，親愛的朋友」。但你從未親臨戰陣，未試過把摯友的頭擁入懷裡，看著他吸著最後一口氣，凝望著你，垂死向你求助。

我問你何為愛情，你可能只會吟風弄月，但你未試過全情投入真心傾倒，四目交投時彼此了解對方的心，好比上帝安排天使下凡只獻給你，把你從地獄深淵拯救出來。

你也從未體會對她百般關懷的感受，你從未對她深情款款、矢志廝守，明知她患了絕症也在所不惜，你從未嘗試過痛失摯愛的感受。

你也從未經歷過在她的病床前堅定不移地陪伴，緊握著她的纖手，因為醫生知道你根本就不在乎「探訪時間」的明文約束。

你並沒有體會過「失去」的真正意義，因為只有在你愛某人甚於自身時才會領悟。

我懷疑你從未付出過這樣的愛。

Invictus 不可征服

十九世紀英國著名詩人威廉．亨利最著名的一首詩「Invictus」（拉丁語意為「不可征服）」，寫於一八七五年，出版於一八八八年，被列入《牛津英語詩歌集》（*The Oxford Book of English Verse*），據說曼德拉被囚禁在羅本島時，就經常背誦這首詩。

透過覆蓋著我的夜幕，黑暗層層無底，
感謝上帝賜予我，不可征服的靈魂。
就算被地獄緊緊拽住，我不會畏懼，也不會屈服。
遭受命運的重重打擊，我滿頭鮮血卻從不低頭。
在這滿是憤怒和悲傷的世界之外，聳立的不只是恐怖的影子。
還有，面對未來的威脅，可是我毫不畏懼。
無論我將穿過的那扇門有多狹窄，
無論我將承受怎樣的懲罰。
我是命運的主宰，
我是靈魂的統帥。

原文

Out of the night that covers me,
Black as the Pit from pole to pole,
I thank whatever gods may be
For my unconquerable soul.
In the fell clutch of circumstance
I have not winced nor cried aloud.
Under the bludgeonings of chance
My head is bloody, but unbowed.
Beyond this place of wrath and tears,
Looms but the Horror of the shade,
And yet the menace of the years,
Finds, and shall find, me unafraid.
It matters not how strait the gate,
How charged with punishments the scroll.
I am the master of my fate,
I am the captain of my soul.

你要做的不是索取幸福，而是練習幸福

幾年前我的「智慧之愛」父母工作坊裡有一位學員讓我留下了深刻的印象。輪到那位學員發言時，她垂著眼皮，聲音微弱地說，我是個全職媽媽，一個人帶孩子好累，家裡也沒人幫我，我身體也不太好，老公也不理解我，婆婆……

我問她，你的孩子多大？

她說，下個月就五歲了，我自己在家教她，我很累，完全沒有自己的時間……

我很好奇，為什麼你不送她去上幼稚園呢？這樣，白天你至少有八個小時是屬於你的自由時間。

這個媽媽的答案讓我很驚訝，她說，幼稚園不安全。

我第一次聽到這種關於幼稚園的論調。我繼續問，你為什麼會認為幼稚園不安全呢？

這個媽媽立刻神情無比堅定地說，是不安全啊，我們社區很多孩子一上幼稚園就生病了，而且新聞裡報導了很多孩子在幼稚園受傷的事情，食物也不安全，之前我還看到新聞裡有孩子吃幼稚園的午餐食物中毒，還有……

她和剛才說自己好累、身體不好時虛弱無力的狀態判若兩人，這一刻她簡直就像戰場上的戰士一般，願意為了自己的信仰付出全部，只不過她是焦慮情緒的虔誠信徒和傳播者，每次說起自己的擔憂或煩惱時總能聲情並茂、滔滔不絕、繪聲繪色、上下五千年地一直講下去，而且極具感染力。我確定如果我不打斷她，再讓她講個三分鐘，全場學員聽了她的描述，都會被她說服，開始相信幼稚園真的是個充滿危險的地方，而且這種危險隨時都會發生在自己孩子身上。

這麼富有感染力的說服只有一個原因，那就是這位學員首先成功地說服了自己，並且長時間調動身體的每一個細胞關注並身心一致地沉浸在這種焦慮和煩惱的狀態中。現在她已經和這種焦慮情緒成為熟悉的好朋友，生活中任何一個小小的觸發媒介都會引發她進入這種焦慮狀態，她聽的、看的，所有的感官也非常熟練地在這個無限可能的多面向世界中蒐集那些可以讓她持續停留在焦慮情緒中的資訊來源，而且因為長期使用、不斷升級，這種蒐集能力早已經進入無須人工控制、自動化高速運轉的版本。最後，她的世界就會吸引更多相同頻率的事件和人來到身邊。

因為所有你關注的事不僅印證了你所相信的事，還會創造出你所相信的事，然後變成你的一種存在狀態、最你的世界實相，成為你的命運。

所以，你的命運其實是你不斷選擇和練習的結果。無論你關注什麼，練習什麼，都會精通它，最後成為它。

◆你在練習什麼，就會精通什麼

有很多讀者和學員來問我這樣的問題：

「周老師，我發現我老公手機裡有和別的女人曖昧聊天的訊息，怎麼辦？」

「我和我男朋友在一起已經很多年了，他什麼都好，就是比我大十二歲，我一直放不下，如果他先離開，留下我一個人孤單無依怎麼辦？這件事困擾了我很多年了。」

「我覺得我總是很討好他人，很沒有力量感，而且周圍的人也總是不尊重我，甚至嘲笑我……」

「為了裝潢房子，我熬夜看了很多設計案例，最後篩選出三四家想和他一起選，結果選到一半，他說他困了要去睡覺，還有很多類似的事情。我現在懷疑他是否真心付出過。」

每次接到這樣的提問，我真的很想提醒大家，去覺知一下，在你的生活中，你到底在練習什麼？你的注意力是不是也已經升級為自動化的高性能雷達版本，每天在你無意識的狀態下，大量關注那些讓你能量變低的事件、行為、情景、資訊、影視作品……並且沉溺其中無法自拔，認為這就是世界的全部真相？

當你長期沉浸在某種情緒中時，它就會成為你的個人氣質，進而成為你的性格、你的身心狀態。你的各個器官、面容、體能都會因為你長期沉浸在那種情緒中，呈現出相應的身體狀態。所以，如果覺得自己看起來蒼老、體力大不如從前、面容憔悴，這真的和年齡沒什麼關係，只是你身體的億萬個細胞在配合你的思維和情緒調整自己的狀態而己，這是你常年練習的錯誤方向，讓自己處在低能量狀態的必然結果。

肉體是非常完美精妙的藝術品，行為就是它的空間，情緒狀態就是塑造它的雕刻師。在一小塊皮膚中，就有將近四公尺長的神經纖維、一千三百個神經細胞、一百個汗腺、三百萬細胞。每一個人在生命最初的一個半小時僅僅是一個細胞，而現在的我們擁有大約一萬億個細胞。在你讀這段文字時，你的五千萬個細胞完成了新陳代謝。你用肉體做什麼，你所有體驗過的情緒就會被你的每一個細胞牢牢地記住並產生相應的化學物質，並對你身體的消化系統、免疫系統、神經系統等每個部分產生影響。

比如我現在三十四歲，但是我現在的身體機能和各方面的狀態都比我十年前還要好，因為在我二十多歲時，我是非常浮躁和焦慮的，自我評價完全被原生家庭所影響，對世界充滿了不安全感和不確定。而現在則完全不同，我越來越平和，對身邊的人和自己都越來越滿意。我從來沒有像現在這樣喜歡我所存在的這個世界，熱愛我所度過的每一天。這些都源自近幾年我在生命各個層面的不斷練習。

◆ 精通幸福的練習，讓你變得完整而強大

世界超人本心理學大師肯恩．威爾伯在他的著作《生活就像練習》（Integral Life Practices）裡談到，每個人的生命都有三個層面的練習來提升能量。

- 身體層面的練習有：瑜伽、有氧、健身運動等。
- 心智層面的練習有：讀書、辯論、寫作等。
- 心靈層面的練習有：冥想、祈禱、唱誦等。

每個層面的練習都會彼此影響發生共振，所以每個層面的練習都是不可忽略的。當你分別在粗鈍能量體（身體），精微能量體（心智和情緒）以及靈性能量體（心靈）這三個層面都開始做不同以往的練習，啟動三種不同層面的改變時，你的內在會發生巨大的改變，然後是你的生存狀態發生改變，這時你的外在世界也會有非常明顯的改變效果。量子物理的各種模型實驗結果也清晰地告訴人們，如果你創造了新的情緒狀態及新的存

在狀態，你就會改變自己的電磁特徵。當你的身體狀態、思維模式和感受都不同以往之後，你將會徹底地改變現實。

《無量之網》這本書非常系統地闡述了這一點。

一開始做提升能量震頻的日常練習並不太容易，因為曾經的「自動巡航」系統已經成為你生命的常態，很多時候是在你沒有覺知時自動運作，而隨著成長慢慢開啟，你開始了解自己內在的模式是如何運作的，那些你熟悉的情緒：焦慮、憤怒、受害、自責、無力感，輕車熟路地粉墨登場時，你偶爾能看到它們，但卻沒有力量讓它們停下來。

我經歷過這個階段，所以我很清楚它會不斷反覆，同時也是非常艱難的。所以這個階段，尋求外部的支持是非常重要的，事實上敢於尋求也是需要力量的。

當你用心看明白這本書，並能在生活中實踐，提升內在的覺察力，關注你每個當下的念頭和情緒以及你的注意力所使用的方向時，你就會非常精通幸福的練習，你會越來越擅長體驗美好、發現美好，也會吸引一系列美好的事和人來到你的生命中。

而你需要做的是從此刻開始，徹底改變你在生活中正在進行的練習方向。

同時也要明白，練習不僅僅是發生在健身房、工作坊中，生活才是最重要的場所。

當我們遇到上班遲到、和愛人吵架、寶寶哭鬧，或者身邊的人生病、職業糾葛這些情形時，練習才顯得尤其重要。

當你持續這種練習，甚至已經變成你新的「自動化反應」時，你會看到你的生活全新場景豁然打開。新的自由能力得以綻放，喜悅和豐盛的狀態成為你日常生活的背景，存在於你的每一個選擇和行為中。愛和喜悅已經化入你的細胞，即使在生活中每個最普通不過的時刻也是如此！

若是你不斷地體驗、學習、成長……精進突破小我（人格）的限制而獲得自由的感覺，當你真正獲得屬於自己的智慧和力量時，你就會從頭到尾徹底而圓滿地愛上自己！也意味著你可以同時接納你身邊的人身上的閃光面和陰影面，你會變得完整而強大，這個時候的你，是非常自在、有魅力的。

最後你可以到達的境界，是不再借由某一個特定的個人對你的愛來決定，因為愛著自己，所以你也愛和你有關的一切！你可以成為最好的愛人，而整個世界都是你的情人。

成熟地面對分離是力量和智慧的表現

戀人、合作夥伴、好朋友、家人……生命中不是每個人都能一直陪你走到終點的，有很多人和你可能只有一段緣分，他們來過，然後離開。

有些人來到你生命中的意義，是讓你感受到愛，有些人是讓你學會去愛，有些人是讓你學會面對自己的恐懼進而轉化它，有些人是讓你看到自己人格中的各種限制和評判，有些人是讓你看到希望和擴展你的視野……

他們都會在合適的階段出現在你生命中，也會在合適的時間退出你的世界，當他離開了，他對你在那個階段的意義就完成了。

那麼如何能確定你完全從那個經歷中把禮物都收到了呢？有一個簡單的鑒定標準，

就是類似的事件、類似的感受不會再發生了。

當我們選擇結束一段關係的時候，大多是因為這段關係裡有太多的失望和苦痛，而最初這段關係有多親密，最後分離時就會有多煎熬。在關係裡，所有的感受都是互相的，你有多受傷，對方就有多受傷。我常常對那些尚未從上一段已經結束的關係中走出來的人說，那個經歷是必需的，如果沒有這段關係你就不會成長，你們互為對方的小白鼠，彼此貢獻和學習。

◆──謝謝你曾經來過我的生命裡

很多人第一次養的寵物都會因病或其他原因而死，無論你多愛它都沒用，因為你尚未積累足夠的智慧照顧好它。光有愛是不夠的，愛加上無知就會帶來傷害。

我的第一隻寵物狗是在我小學畢業考試結束時獲得的禮物。我心心念念了好久，當我終於擁有它時，簡直無法表達我有多麼幸福。那是一隻斑點狗，就和迪士尼《一〇一忠狗》裡面的小狗狗一模一樣，我替牠取了名字叫馬克。

那一年，我十二歲，牠三個月。牠真的很漂亮，完美的斑點，可愛的模樣，走到哪裡都會引來圍觀。我太喜歡牠了，牠是我的驕傲，我去到哪裡都帶著牠。而那時，我並不知道這個年紀的小狗抵抗力弱，不適宜經常外出。

有一次，我帶著牠坐了一個小時的公車，去我姑姑家。後來牠在車上吐了，吐了公車一地，司機很心煩，唸了我幾句，我不知所措，於是在車上吼馬克，牠無辜地看著我。我羞愧惱怒，在一車人的注視下抱著牠落荒而逃，提前下了車。在七月的烈日灼曬下，我和牠站在馬路邊，心煩意亂。

那一刻，驕傲變成了麻煩，喜愛變成了厭惡，我發現我根本沒有足夠的力量去承擔另一個生命帶給我的所有狀況。

我不知道哪些是牠需要的，哪些是牠不需要的，我只是一味地把我認為對牠好的東西給牠。

我只希望牠保留所有可愛乖巧的一面，不要給我添任何麻煩，但是馬克做不到。牠還是弄壞了家裡的很多東西，把大便拉在不該拉的地方。我被父母責備，教了好多次都沒教會牠，我氣急敗壞，打了牠幾次，可依然不見成效。我對牠的寵愛也不如之前那麼濃烈了。

沒過多久，牠生病了，感染了一種犬類常見的病毒，我又著急又心疼，父母陪著我帶牠去寵物醫院治療了好幾次，花了近萬塊，但病情未見好轉。牠越來越虛弱，最後甚至連抬起頭的力氣都沒有，但只要家人靠近，牠還是會努力試圖搖尾巴，能做到的卻只是把尾巴抬起來一點點，最後，牠已經完全無法進食了，還時不時吐出腸胃的一些分泌物。

我難過極了，我想再試一試，我把牠放在用鞋盒做的小窩裡，坐車帶牠去寵物醫院，醫生說，治不了了，要我帶牠回家。

回來的路上，我知道，牠就要死了。那是我第一次這麼近面對死亡，十二歲的我傷心又害怕，想到很快牠就會變成一隻死掉的狗了，那會是什麼樣子，會僵硬而恐怖嗎？

而牠只陪伴了我幾個月，我不能接受牠這樣離開我，我也根本無法面對牠的死亡或任何死亡。恍惚中，我沒有把馬克帶回家，而是走到附近另外一個社區，把牠放在一棟樓的牆角，然後逃走了。

我把牠扔了。我和我第一隻寵物的關係就以這樣的方式結束了。那是我第一次學習面對分離，而那時的我做了一個非常糟糕的選擇。從那以後我再也沒有主動養過寵物了。

成年之後有過那麼幾次，我會突然想起馬克，牠會如何？會不會有好心人把它撿回去，陪牠度過最後的時光，或者奇蹟發生，牠好起來了，還是注定孤獨地死去？

經歷過和馬克的那段關係，讓我對自己有了更多的了解。如果沒有牠，我不知道自己有多無知和懦弱，也明白進入一段親密的關係是需要智慧和力量的，不能盲目地承諾一些自己根本做不到的東西。

後來我常常想，如果以我當下的智慧和力量，我再面對這樣的情境，我會如何做？我當然會抱著牠，陪牠說話，讓牠死在我的懷裡，讓牠在最後的時刻感受到我對它的愛。而之所以我可以做到這些，是因為我已經準備好了接受牠的死亡，以及有力量去面對分離過程中自己所有的感受。

馬克曾經是我不想提起的回憶，牠代表了我那段無知而懦弱的歷史，即使那時我還是個孩子，我也不覺得這個理由有多麼充分。畢竟，只要你想要保留愧疚感或者無力感，就總能找到夠多的證據。

當我不斷成長之後的某一天，我決定徹底停止對那段經歷的不斷的自責和懊悔，我知道，那不是牠發生在我生命中的意義。

所以後來，我再面對父親的離世時，我做得要好很多很多。在父親最後的時光中，我給出了非常高品質的陪伴。我放下所有的恐懼去面對、去表達，說了所有我想說的話，我告訴爸爸我有多麼愛他，告訴他我有多麼榮幸能夠成為他的女兒。

如果我跳過十二歲那年的經歷，我不可能做到這樣。我想這就是馬克出現在我生命中的意義，讓我變得更好，讓我更懂得如何去愛、去原諒，去放手。

這兩次分離，都是對方離開我，而且都是以這個世界上最強大的力量之一——死亡而分離。然而分離，不僅僅是對方會不容分說地離開你，很多時候，是你需要決定離開對方。

◆如果有些關係注定了要分離，那麼就好好告別

當一段關係已經不再適合你時，有力量在恰當的時間選擇離開是很重要的。無論是對一個朋友、一段親密關係，還是對一份工作或者一個地方。

很多人不願意成為那個主動做決定的人，是因為不想主動承擔相應的後果，除了對未來的不確定所帶來的不安感之外，還有不想承擔「壞人」或者「放棄者」的身分，然後會用一些看起來非個人的理由來說服自己。

例如在婚姻中，最常見的理由是「為了孩子」，還有為了「父母不擔心」而結婚或者不離婚，本質都是一樣的，都是逃避為自己的人生負全責的說辭。

我從來不主張必須在一段關係裡耗到底，很多心理學理論會說，如果你這段關係沒有修好，那麼你在下一段關係中還是會碰到同樣的問題。

確實是這樣，但如果你已經毫無意願在這段關係中繼續給予承諾，僅僅是害怕分開後的不確定性，那麼這種為了堅持而堅持的關係會帶來更多的消耗，因為這種理由逃避做選擇和用孩子或者父母當作理由，本質上沒有什麼區別。

而這種消耗是慢性消耗，它會一點一點消磨你的力量和自信，通常當你意識到時，你所付出的代價已經非常大了，可能已經開始上演各種雞飛狗跳的狗血故事，創造一次極端猛烈的衝突，然後就勢分開；或者發現身體出現問題了——我有很多學員，他們長時間處在一段感受糟糕的關係裡，會直接影響身體。但只要問題並不太嚴重，都不會做出重大決定，除非檢查出了各種指標嚴重超標，身體的不適疼痛越來越明顯，再這麼過下去，小命都保不住了。為了保命，終於離婚了。

所以很多人會更願意在某種迫不得已的情況下做決定，極端情況下可以避免內心的糾結，才可能激發出底層求生的潛能來做決定。但如果總是習慣在極端情況下才做決定，你就總會在自己的生命中創造極端情況。

學會成熟地面對分離是力量和智慧的重要表現。

如何判斷一段關係是否到了真該結束的時候還是需要給出更大的承諾，是需要智慧的。之所以那麼難以做決定，是因為內在兩股力量勢均力敵，一方面是痛苦壓抑想離開的感覺，另一方面又對這段關係有極深的依賴。

愛會讓你自由，但依賴不會。當你依賴一個人的時候，你的愛裡一定有滿滿的控制。

但有意思的是，你越依賴，通常你也越需要另一個人對你的依賴。因為你必須讓對方依賴你，你才能控制對方。所以，別人可以控制我們，也是因為我們有攀附心。這種關係就是武志紅常常提到的一個詞「共生絞殺」。

從這種關係模式中離開是非常有必要的，也是非常有挑戰性的。而離開這種關係模式未必一定需要離開這個人，無論是保留這段關係但改變關係的模式，還是直接離開這段關係都是可以的，無論哪種選擇，都需要面對挑戰，取決於你更傾向於面對哪種挑戰。

所有的創造和改變都會帶來原有層級的一些動盪，會打破某種舊有的平衡，但這種動盪是成長必須經歷的，表面上看似要付出一些代價，但長久來看你會明白這些代價是完全值得的，而且這個代價絕對是你付得起的。

◆──任何人、任何事都不應該是你成長的阻礙

幾年前我跟隨我的老師一起學習，他是開啟我身心靈成長道路的第一位真心意義上

的老師，對我來說亦師亦父，我在他那裡得到了很多幫助，也非常想要支持他，後來我跟我的老師有長達四年的商業合作。

然而越到後面，隨著我的個人成長和商業理念的成熟，我和老師之間的分歧也變得越來越多。

而我很難說服他，他也很難讓我在原有的格局中去繼續共事了。後來，我用一種幾乎決裂的方式離開了，我寫了一封公開信，昭告天下，我主動退出合作；而且發表這封信，離我在電話裡告訴老師我要退出合作只有兩個小時。可以說，這個決定是非常快做出來的，而且沒有給自己任何緩衝和退路。

我這個舉動，有很多客戶甚至公司團隊成員不能理解。為此公司經歷了幾個月的劇烈動盪。那幾個月我自己的狀態也糟糕極了。

我曾經極度懷疑我是不是做錯了決定，把自己和公司都推向了一條錯誤的道路。然而，也正是在那個最低谷的階段，才讓我有機會觸底反彈，觸碰到了內在源頭的力量。

失去很多東西的時候，我們更容易看清自己的力量並不依附於你所擁有的事物。雖然我也很清楚，當時選擇分開的方式是不夠成熟的。

就像回憶馬克的事一樣，我後來回想起當時分開的情境，當然明白如果以現在的智慧，我可以非常圓融地處理好各方的關係，把對所有人造成的影響降到最低。同時，我也明白那個時間點，以那時的我的能量等級，已經是最有效率的選擇了，就像光一樣。

當然，這都是整個事情全部結束之後我才意識到的。

這是一個能量躍遷的過程，我已經來到新層次的臨界點，這一步必須跨越過去，我節省了最寶貴的資源——時間。

而其他的代價看似很大，現在看來我都擔負得起。

那個時候，我並沒有現在這麼有力量，我對老師還有攀附心，有依賴，我依然需要有自己被需要的感覺，需要「我很重要」的感覺，而我知道，這樣的我是可以被控制的。

如果我不用這麼決絕的方式離開，我可能就又會被誘惑而猶豫，然後可能又要在其中糾結消耗個一兩年。而那個代價，才是我擔負不起的。

分離最難的部分，是我們常常會執著於過去和那個人一起曾經美好的體驗，人們希望那種感覺可以被留住。

但那是不可能的，即便你的童年有再快樂的經歷，你也不可能在成年之後體驗到相同的快樂，你體驗到的一定是成年之後的快樂。雖然同樣是快樂，但那一定和孩子的快樂有著微妙的不同。

如果你執著於童年的快樂體驗，那麼你只能讓自己的心智退化。然而生命的進化是無法阻擋的，如果你想要和同一個人共同體驗美好，那麼必須一起來到更高的層級，體驗更精微也更純粹的美好。

無論如何，都謝謝你曾經出現在我的生命中。

如果對方沒有辦法和你保持同樣的成長節奏，那是可以的。對方沒有和你做相同的選擇並不是你停留在原地的理由，你的能量躍遷也並不需要身邊的人和你一起才行。

你可以接納、可以影響對方，也可以離開。總之，任何人任何事都不應該是你成長的阻礙。

就像艾克哈特說的，「一個開悟的人，是不需要身邊的人都開悟的」。

如果有些關係注定了要分離，那麼就好好告別這段關係。盡可能早地意識到這並不是對方的錯，更不是自己的錯，只是彼此可以陪伴對方共同走過的這段旅程已經結束了。

對方是你歷史的一部分，經由這段歷史你才可能成為現在更好的你。保留怨懟或遺憾感沒有正面意義，尊重那個人本質上就是尊重自己的歷史。

以自己的成長來感激對方曾經出現在你的生命中，無論對方現在如何都給出祝福和尊重，也許未來的某一天，你們會在全新的時空相遇。

弄丟自己的你, 過得有點辛苦吧

優生活 113

弄丟自己的你，過得有點辛苦吧

作　　者—周梵
主　　編—楊淑媚
責任編輯—朱晏瑭
封面設計—李佳隆
內文設計—呂佳芳
校　　對—朱晏瑭、楊淑媚
行銷企劃—謝儀方

第五編輯部總監—梁芳春
董 事 長—趙政岷
出 版 者—時報文化出版企業股份有限公司
一〇八〇一九台北市和平西路三段二四〇號
發行專線—（〇二）二三〇六—六八四二
讀者服務專線—〇八〇〇—二三一—七〇五
（〇二）二三〇四—七一〇三
讀者服務傳真—（〇二）二三〇四—六八五八
郵撥—一九三四四七二四時報文化出版公司
信箱—一〇八九九 臺北華江橋郵局第九九信箱

時報悅讀網—http://www.readingtimes.com.tw
電子郵件信箱—yoho@readingtimes.com.tw
法律顧問—理律法律事務所　陳長文律師、李念祖律師
印　　刷—勁達印刷有限公司
初版一刷—二〇二〇年十月九日
初版五刷—二〇二二年十二月三十日
定　　價—新台幣三三〇元
（缺頁或破損的書，請寄回更換）

時報文化出版公司成立於1975年，並於1999年股票上櫃公開發行。
於2008年脫離中時集團非屬旺中，以「尊重智慧與創意的文化事業」為信念。

弄丟自己的你，過得有點辛苦吧 / 周梵作. -- 初版. -- 臺北市：時報文化，2020.09
面；　公分
ISBN 978-957-13-8372-9(平裝)

1.人生哲學 2.自我實現

191.9　　109013568